世紀人物100

縱橫山水俠客行

徐霞客

吳文薰　著

三民書局

獻給孩子們的禮物

主編的話

世界上最幸福的孩子，是他們一出生就有機會接近故事書，想想看，那些書中的人物，不論古今中外都來到了眼前，與他們相識，不僅分享了各個人物生活中的點滴，孩子們的想像力也隨著書中的故事情節飛翔。

不論世界如何演變，科技如何發達，孩子一世幸福的起源，仍然來自於父母的影響，如果每一個孩子都能從小在父母親的懷抱中，傾聽故事，共享閱讀之樂，長大後養成了閱讀習慣，這將是一生中享用不盡的財富。

三民書局的劉振強董事長，想必也是一位深信讀書是人生最大財富的人，在讀書人口往下滑落的多元化時代，他仍然堅信讀書的重要，近年來，更不計成本，連續出版了特別為孩子們策劃的兒童文學叢書，從「文學家」、「藝術家」、「音樂家」、「影響世界的人」系列到「童話小天地」、「第一次」系列，至今已出版了近百本，這僅是由筆者主編出版的部分叢書而已，若包括其他兒童詩集及套書，三民書局已出版不下千百種的兒童讀物。

劉董事長也時常感念著，在他困苦貧窮的青少年時期，是書使他堅強向上，在社會普遍困苦，而生活簡陋的年代，也

是書成了他最好的良伴，他希望在他的有生之年，分享這份資產，讓下一代可以充分使用，讓親子共讀的親情，源遠流長。

　　「世紀人物 100」系列早就在他的關切中構思著，希望能出版孩子們喜歡而且一生難忘的好書。近年來筆者放下一切寫作，接下這份主編重任，並結合海內外有心兒童文學的作者共同為下一代效力，正是感動於劉董事長致力文化大業的真誠之心，更欣喜許多志同道合的朋友，能與我一起為孩子們寫書。

　　「世紀人物 100」系列規劃出版一百位人物故事，中外各占五十人，包括了在歷史上有關文學、藝術、人文、政治與科學等各行各業有貢獻的人物故事，邀請國內外兒童文學領域專業的學者、作家同心協力編寫，費時多年，分梯次出版。在越來越多元化的世界中，每個人都有各自的才華與潛力，每個朝代也都有其可歌可泣的故事，但是在故事背後所具有的一個共同點，就是每個傳主在困苦中不屈不撓，令人難忘的經歷，這些經歷經由各作者用心博覽有關資料，再三推敲求證，再以文學之筆，寫出了有趣而感人的故事。

　　西諺有云：「世界因有各式各樣不同的人群，才更加多采多姿。」這套書就是以「人」的故事為主旨，不刻意美化傳主，以每一位傳

主的生活經歷為主軸，深入描寫他們成長的環境、家庭教育與童年生活，深入探索是什麼因素造成了他們與眾不同？是什麼力量驅動了他們鍥而不捨的毅力？以日常生活中的小故事，來描繪出這些人物，為什麼能使夢想成真。為了引起小讀者的興趣，特別著重在各傳主的童年生活描述，希望能引起共鳴。尤其在閱讀這些作品時，能於心領神會中得到靈感。

　　和一般從外文翻譯出來的偉人傳記所不同的是，此套書的特色是，由熟悉兒童文學又關心教育的作者用心收集資料，用有趣的故事，融入知識，並以文學之筆，深入淺出寫出適合小朋友與大朋友閱讀的人物傳記。在探討每位人物的內在心理因素之餘，也希望讀者從閱讀中，能激勵出個人內在的潛力和夢想。我相信每個孩子在年少時都會發呆做夢，在他們發呆和做夢的同時，書是他們最私密的好友，在閱讀中，沒有批判和譏諷，卻可隨書中的主人翁，海闊天空一起邀遊，或狂想或計畫，而成為心靈知交，不僅留下年少時，從閱讀中得到的神交良伴（一個回憶），如果能兩代共讀，讀後一起討論，綿綿相傳，留下共同回憶，何嘗不是一幅幸福的親子圖？

2006 年，我們升格成為祖字輩，有一位朋友提了滿滿兩袋的童書相送，一袋給新科父母，一袋給我們。老友是美國國家科學院院士，曾擔任過全美閱讀評估諮議委員，也是一位慈愛的好爺爺，深信閱讀對人生的重要。他很感性的說：「不要以為娃娃聽不懂故事，我的孫兒們一出生就聽我們唸故事書，長大後不僅愛讀書而且想像力豐富，尤其是文字表達能力特別強。」我完全同意，並欣然接受那兩袋最珍貴的禮物。

　　因為我們同樣都是愛讀書、也深得讀書之樂的人。

　　謹以此套「世紀人物 100」叢書送給所有愛讀書的孩子和家庭，以及我們的孫兒──石開文，他們都是世界上最幸福的孩子，因為從小有書為伴，與愛同行。

作者
的話

　　記得小時候老師要我們寫下志願時 ， 大家會寫下當老師、醫生，甚至總統……，但是在印象之中，應當是沒有人會寫下「旅行家」這個志願吧！我在幾年前的報章中，曾經讀到有兩位年輕女子，為了攀爬世界有名的喜馬拉雅山而存足百萬、辭去工作的經過──當時雖然覺得感動，但也心中不解，是什麼樣的動力讓這兩個弱女子能拋開一切、擁抱山林呢？

　　不過 ， 在這幾年的一些短暫旅遊經驗和這次編寫徐霞客傳記的過程中，我似乎也漸漸能進入旅行家的內心世界了。作家卡爾維諾在他的作品中寫道：「每當抵達一個新城市 ， 旅人就再一次發現一個他不知道自己曾經擁有的過去 ， 你再也不是，或者再也不會擁有的東西的陌生性質，就在異鄉、在你未曾擁有的地方等你。」旅行者的旅程越是永無止盡，越是往自己內心更深層的探索 ， 有人終其一生庸碌奔波，飛越的里程可能已達萬哩，但那算不上是真正的「旅行」──因為他不曾體驗人類的極限，也不曾讓心靈遨遊。

徐霞客又是一個怎樣的旅行家呢？他絕不是城市中的雅痞或是自詡的波西米亞，但他絕對是一位腳踏實地的自助旅行家。雖然他有僕人、助手，但是他永遠比他們更勇往直前，在很多次艱難的旅途中，他的忠心僕人都不認為應當再往前行，可是唯獨徐霞客堅持不能因地勢險惡或冰雪風暴放棄行程。在旅途中他也曾失去好友，甚至家中遭逢變故，但都沒有讓他放棄旅行。所以我認為他是不折不扣的一位旅行者，旅行，是徐霞客從未改變的志業。

這可不是我隨意說說的。余光中先生也認為徐霞客可稱得上是「古今第一旅行家」，而且他有三點過人之處：一、他的文采高妙；二、他的學識廣博；三、他的大無畏精神。因為這三大特長，他才能夠將他出生入死的旅遊經驗，透過活靈活現的筆忠實的呈現，也由於他飽讀詩書和前人的記載，他才能夠體會這樣的大山大水如何孕育出浩瀚多元的文化。所以若你以為旅行家是頭腦簡單、四肢發達，那就錯了！

中國許多將遊記寫得出神入化的，都是了不起的文人，比如寫〈永州八記〉的柳宗元、寫〈赤壁賦〉的蘇軾、寫《水經注》的酈道元，還有謝靈運、王羲之⋯⋯等等，都寫過許多絕妙的山水遊記。所以在中國的文人作品中，的確也不乏豐

富的旅行文學！但是有些失之於僅憑想像，雖然文字如珠璣玉翠，但都不如那些親臨山水者所描摹的感受那樣令人感動，所以余先生又讚徐霞客乃樂山樂水的「仁者兼智者」，非那些吟風弄月的騷人墨客可比的。

這本書裡寫到了關於徐霞客的性格，如他的愛國、正直、好交友與胸襟開闊大多是有文字記載的根據，並非隨意杜撰，筆者曾在徐霞客的大事紀中，讀到徐霞客臨終前不顧家事，而執意要兒子替他去找好友黃道周的一段軼事，在下筆寫此事時，卻似乎把徐霞客這樣的執拗個性給淡化了。現在回想起來，自己是否也因為敬佩徐霞客的風骨而下意識的為他掩飾了些什麼呢？不過，這插曲至少透露出兩項重要的訊息，一是旅行者畢竟也是自私的：旅行同時也是離家，為了成就自己而造成家人的孤獨，這是旅行者永遠須背負的情感包袱；小時候課本上曾讀到家人是「甜蜜又沉重的負荷」，丟也丟不掉，徐霞客所以走得瀟灑，不要忘了是因為有家人的體諒，成就他、讓他無後顧之憂。

二是傳記本來就是據真實加以想像的：我描摹了自己心目中的徐霞

客，把他的人生以他的旅遊史來串連，加重了某些部分，自然也忽略了更多，我想這是大家讀傳記或歷史小說不該忘記的一點。作者幫助了讀者「入戲」，讓大家讀得興高采烈、津津有味；但不要忘了讀者讀到的是作者的觀點，也就是歷史的一個小小的部分，其中可能有誤解也有錯漏。可能的話，希望小讀者在年紀漸長，讀到更多不同的徐霞客時，

能體會到人生更多不同的面向，這樣我們去了解一段歷史或一個傳奇人物時才能獲得更多的新義，不是嗎？

目前旅行文學方興未艾，讀起徐霞客的小傳似乎也搭上潮流的列車了呢！胡錦媛教授說：「回歸點與出發點因為旅行行為而產生的差異，可以說是旅行的本質與真義所在。」那個點可以是你的家、你所在的環境，甚或是你自己，旅行的過程儘管再精采，最驚奇的莫過於是發現得來一個全新的自己！或許那也是一種洗滌與淨化心靈的作用。日本作家吉本芭娜娜在寫一位無家的年輕女子，因出差到外地工作的心情：「如果有一個可以回去的家，那麼旅行是多麼浪漫的事，可是我無家可歸，一點都不好玩，而且有著強烈的孤獨感……既然沒有一個等著我回去的人，那就繼續過這平靜無波的人生

吧。」這是另一種孤獨的旅行者的心情呢！如果是你，將懷抱著何種心情呢？或許毋需猜想，就學學徐霞客和其他前輩們，揹起行囊去旅行吧！

寫書的人

吳文薰

現就讀於台東大學兒童文學研究所博士班，興趣與研究的範圍是成長小說中的性別與身體探索，嗯……這對於少男少女而言，也是一項辛苦的旅程吧。曾任出版社編輯與翻譯，喜歡所有與文字有關的工作，這次接下徐霞客傳記的編寫工作，是基於對中國文學的熱愛（雖然她的主修是西洋文學），舉凡《三國演義》、《水滸傳》、《紅樓夢》、《聊齋》、話本傳奇……等，都曾令她手不釋卷。今後的努力方向是當一位盡職的好老師——可以的話，也能夠多寫或多譯幾部好的作品囉。

縱橫山水俠客行

徐霞客

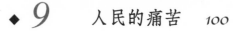

世紀人物
100

徐霞客

1586～1641

1 神遊西域的 快樂童年

「蓋亭之所見，南北百里，東西一舍 …… 變化倏忽，動心駭目，不可久視。今乃得翫之几席之上，舉目而足 …… 」＊

「變化倏忽，動心駭目，不可久視 …… 嗯，那是何等景象？如果能親臨現場，那才叫過癮哪！」年幼的宏祖＊內心讚嘆著，口中讀的正是蘇東坡的弟弟蘇轍所寫、鼎鼎有名的〈黃州快哉亭記〉。

放大鏡 ＊這一段文字是蘇轍記述在黃州快哉亭所見的景色：江面寬闊江水滔滔、景致隨著天候變化萬千；在亭中喝酒吟詩，一面欣賞這樣的美景，真是人生一大樂事。

＊古代為了表示尊敬，在言語或書寫時，不說君主或尊長的名號，這稱為「避諱」。徐霞客本來的名字是徐弘祖，到了清朝乾隆皇帝之時，由於乾隆皇帝的名字是「弘曆」，為了避諱，那時的人就將徐弘祖改寫成徐宏祖了。

「古時候的人，知道的那麼有限、交通那麼不方便，還是有機緣到那麼多名山勝景去遊歷，真是令人羨慕啊！」

而誰知這位豔羨別人的小少年，日後卻成了令人豎起大拇指的旅遊家呢！

這一年，別號「霞客」的徐宏祖剛滿七歲，進入私塾中就讀，除了句讀之學外，偶然讀到古人的遊記篇章，心中便仰慕不已。

「祖兒！你在做什麼呀？」此時，一位慈眉善目的中年婦人悄悄的來到小小徐霞客身後，慈愛的看著她的幼子。

「娘啊！您去過黃州嗎？」宏祖急切的問母親。

「黃州？這可不近啊！豈是人人都去得的？」

「可是這位蘇轍先生就去了呀！如果這亭就如他寫的一般，

我真想去看看呢。」

「兒呀！你現在年紀還小，等到你長大了，有什麼不可能的？」

「真的？」宏祖笑開來，「娘，到時咱們一塊兒去，看看那地方是不是像這位蘇先生寫的一樣，好不好？」

「當然好！可是娘那時可老啦。」母親微笑的撫摸兒子的頭。

「沒關係的，我陪著您！」小小宏祖露出堅毅的眼神。雖說未到黃州，但成年後的他，可履行了幼年對母親的諾言，這是後來的故事了……。

徐霞客原名宏祖、字振之，「霞客」二字是他的別號，而他成年後熟識的一位黃石齋師，又給他一個稱號——「霞逸」，這稱號有沒有一種武林中人浪跡四方、衣袂飄飄的味道呢？當然後來徐霞客並不是什麼開鏢局的，

但是他的確在小的時候便「特好奇書」，他喜歡什麼樣奇特的書呢？比如《輿地志》*、《山海經》*一類的書，幾乎都被他看遍了。心血來潮的時候，他也會像其他活潑的孩子一樣，來搬演一段《西遊記》中「唐三藏與蜘蛛精」之類的情節，當他的兄弟們不理會他時，他還會一人分飾好幾角。由於他對這類書籍的內容已非常的爛熟，所以搬演起來的精采程度，簡直可以和「霹靂布袋戲」比美！

徐霞客生於明末清初，父親徐有勉、母親王孺人兩人同歲，而在四十二歲時產下徐霞客，算是「中年得子」，對於徐霞客當然是疼愛有加了！這樣的疼愛不僅表現在日常生活的照料中，甚

 放大鏡

*《輿地志》 地理書。
*《山海經》 我國古代的地理神話筆記。

至對於以後他的志向，他們也都給予相當的尊重。這不僅是在古代，就算是生長在現代的孩子，也會相當羨慕吧。根據記載，徐霞客生得頭顱尖尖的，眉毛很挺，但「綠睛炯炯」——眼睛非常炯炯有神，但是否為綠色，我們就不得而知了。說不定是在黑暗中看到的一種錯覺吧！因為東方人的眼珠子呈綠色，實在非常少見。

　　徐霞客年幼時除了是個聰明的孩子外，富裕的家境也使得他受到良好的教育，除了他喜愛的書本外，他也飽讀經書、寫得一手好文章。但是很難想像他是個愛撒嬌的小孩吧？徐霞客從小就和母親很親，尤其在父親去世以後，便和母親同住，雖然徐家人口不算稀少，後來他也娶妻生子，不過，徐霞客總是和母親像在孩時般親近。儘管他三十歲以

後的人生幾乎與旅遊結下不解之緣，然而「父母在，不遠遊」這句古訓一直困擾著他，如果不是母親的鼓勵，恐怕孝順的徐霞客會因為內心的罪惡感，難以遊遍諸多名山大川，留下數十萬字動人的《徐霞客遊記》了！

　　童年的經驗，總是對於一個人有重大的影響，徐霞客所受到的疼愛以及童年閱讀地理圖志的啟發，使得他能夠任想像馳騁，並在成年後，化想像為實際的行動。

2 拒絕科舉的小子

　　古時候的許多名人多是早年立志的，而且經常立定志向即全力而為、很少改變。徐霞客自然也不例外，他成年後考察名山大川的志業，可是在小小年紀就許下的宏願，而且在成長的過程中可說是牢記於心。他曾在日記中寫道:「我在少年時期就有想要征服五嶽的雄心。」

　　不能免俗的，年少的徐霞客也曾經參加當時科舉考試*的「童生試」*。這一年，徐霞客

放大鏡

　　*科舉考試　從中國的唐代開始盛行，所有希望當官或為國家做事的讀書人，都必須經由這個考試來選拔。這個制度沿用好久，一直到今天我們的國家考試都有點科舉考試的樣子呢！不過，考試的方式在不同朝代也不盡相同，只是競爭的情況都一樣激烈喔！

　　*童生試　包括縣試、府試和院試三個階段，院試合格後取得生員（秀才）資格，才能進入府、州、縣學學習。

十七歲，徐霞客之父有一勉對妻子說：「宏祖也十七了，該讀的書他也沒少讀過，你去告訴他把該讀的書看一看，該去參加考試了。」

徐霞客小時候就黏母親，年紀稍長，許多正經事也多由母親代父傳達。她依舊慈愛的看著英氣逼人、但眼神卻流露出純真氣息的兒子說：「祖兒，你也老大不小了，你爹要你去考試，你就好好去考吧。」絲毫沒有富貴人家驕縱之氣的徐霞客，儘管內心不太願意，但還是溫馴的點點頭：「孩兒知道了。」

徐家的先人其實是宋朝皇室的「隨扈」（即隨從），由於曾擔任宋室的公職，所以子孫輩堅決不做元朝的官，直到明朝才出仕任官。先輩景南公曾受朝廷之命，到當時鬧饑荒的邊疆賑災有功，當了當時的大官「六書丞相」。他的弟弟徐解元也當了

官，戍守荊州。而徐霞客的父親徐有勉，人稱「豫庵公」，也是當官的，這樣的家世可說相當的顯赫。

無論如何，參加科舉乃是當時當官的不二法門。徐霞客儘管天資聰穎，但不喜歡那些考試得寫的八股文，令他眼睛一亮的不是地籍圖志，就是一些奇文軼事。然而他是個孝順的孩子，自認父親的意思不可違背，便以平常心前去應考，絲毫不患得患失。這天放榜，僕人看榜回來，徐父看僕人的臉色便知結果，卻還問：「怎麼樣呢？」僕人老實回答：「沒看到公子名字。」徐父點點頭，臉上並沒有不高興的樣子。進了屋子，也把這消息告訴妻子，徐母點了點頭，說：「沒關係吧，想必他不會放在心上。」

知子莫若母，徐霞客除了擔心父母失望，其實內心並不以為

意，甚至慢慢想通，覺得自己應該放棄。幾天以後，徐霞客來到母親房中，表情認真的說：「娘，我有事想和您商量。」

母親看著他認真的表情，說：「什麼事啊？」

「我想……我不想……」徐霞客結結巴巴的說。

「你想什麼？不想什麼呀？」母親覺得有點好笑。

「我想我不適合當官，也不想再參加科舉考試了。」

「哦，是這樣？你已經決定了？」母親也嚴肅起來。

「娘，您知道我的！這樣吧，您替我向爹爹說一說……」徐霞客拉起了母親的手，不改他小孩子時的撒嬌本色。

「唉呀，這我可不知道你爹的意思啊！這麼重要的事，你要不要自己和他說去呢？」

印象中的父親，是威嚴、也

是英氣勃發的，這令徐霞客有些猶豫不安。

「娘，您先幫我說說嘛，爹爹最尊重您的意見了！」

疼愛兒子的母親拗不過他，當然想辦法為愛子說話了……。

「孩子的爹……」徐霞客的母親與父親一向相敬如賓，她委婉的說出了兒子的想法。

「這個……他這麼年輕……」徐家家世已十分顯赫，也不會那麼熱中功名，然而一聽兒子忽然這麼說，徐父卻也不禁擔心。宏祖生來聰明，為什麼小小年紀就想放棄功名呢？

這一點，徐母心中非常清楚，宏祖這孩子是「志在四方」的，只是此志與功名無關，他只想去外頭闖闖，看看天地有多大。

「讀書人立志當然可以不為功名，但求貢獻所學、服務地

方，這一點要宏祖再好好想想，我也想聽聽他自己怎麼說。」徐父畢竟是一個明理的人，他希望兒子先想清楚自己的人生目標，不要草率決定。

「嗯……這樣也好，我要他想清楚再跟你說。」

其實，徐霞客的心中再清楚也不過了。

時光飛逝，自從徐霞客下決心不再參加科舉後，他更是飽讀他所喜愛的群書，徐家是書香人家，這一方面當然能夠滿足他。

徐霞客十八歲這年，父親和小兒子，也就是徐霞客的庶弟*宏禔，到「冶坊橋」一地的別墅暫住，徐霞客仍和親近的母親住在家中，日子可說過得相當逍遙。

這一日秋老虎*發威，徐母和徐霞客在她親手種植的豆藤下乘涼。忽然，老僕人匆匆的跑進

來：「不好了！夫人，少爺！老爺他……」老僕人一邊喘著氣。

「慢慢說，別慌！老爺不是在冶坊橋嗎？」

「有人來報，被壞人傷了！」

「什麼？受傷了？」這下子徐母也慌了。不過她畢竟個性沉著，深吸了一口氣，說：「誰來報？我要見他。」

「在大廳哪。」僕人連忙答道。徐母起了身，徐霞客也跟在母親後面。

在大廳裡，是一名跟著徐父和宏揖到冶坊橋別墅的年輕僕人，他也受了輕傷，比手畫腳的說著如何在回家的途中遇見盜

＊庶弟　即是由徐霞客父親的妾所生的同父異母弟弟。

＊秋老虎　秋天裡雖然秋高氣爽，但有時免不了太陽還是發威，照得人們暈頭轉向，所以稱這種天氣為「秋老虎」。

匪、盜匪如何搶劫傷人、老爺和公子都受了傷……等等。

「都受了傷？那傷勢如何？」

「公子和我差不多，老爺可嚴重多了！」這年輕人脫口而出，徐霞客擔心母親，不禁狠狠的瞪了他一眼，僕人才會意的低下頭來。

徐母果然一陣暈眩，說:「那我得去看看……。」

「不！我帶人去就行了。娘您在家等我消息!」古時候女人出遠門是件麻煩事，何況徐母這年已經六十歲，徐霞客也不願意讓母親冒險出門。

「可以嗎？兒子？」徐母看著一樣很少出遠門的兒子。

「放心，娘！我的身體壯得很，倒是您別東想西想，我先吩咐他們，明天一大早就可以出發了!」

「那好吧!」徐母憂慮的說。

　　次日一早，徐霞客已經俐落的打點好要跟他去的僕人、行李，準備上路了。徐母特別陪著兒子用過簡單的早飯，送他出門。

　　「兒呀！你自己可要小心。」

　　「娘您放心，我一向是個福星！」徐霞客拍拍胸脯、故作輕鬆的說。

　　徐母雖然擔心，卻又有些安慰的看著這個言語天真，但這幾年漸漸長成身形高大、雙目炯炯有神的兒子。

　　輕輕說了聲：「去吧！」

　　於是徐霞客一行人騎著馬、載著簡便的行李出發了。徐母一直目送他們，直到所有人的身影消失在眼前。

3 父親傷重

徐霞客一行人從當時的官道*行走，循著大道逐漸進入兩旁雜草叢生的小路，這是徐霞客第一次帶人出家門，沒想到就是要去照顧傷重的父親。一路上絲毫沒有閒情逸致，只有吃飯時間休息，天色晚了趕忙到附近的旅店投宿。

一直到了第三天，那個自己也受了傷的年輕僕人喊著：「過了前面的橋，不要一里路就到啦！」

徐霞客聽了這話，不由分說的快馬加鞭往前行，急得僕人又喊：「少爺小心！別又驚動了賊人，他們不是好惹的！」

「哼！我倒要問問他們，為何取人財物，又要傷人？」此時徐

放大鏡 ——＊官道　由政府開鑿修築的道路。

霞客畢竟年輕，擔憂父親，不把凶悍的盜匪放在心上。其實徐霞客終其一生都頗具膽識，日後的旅程無論是跋山涉水，或到塞外邊疆，他都無懼於大自然的力量，反而都將這些美景訴諸日記、詩文，誠心的讚嘆著。只是，年輕的浮躁到了中年後轉為沉穩平和，更有助於他一生的志業。

但此時的徐霞客只有焦急，希望早點看到父親和弟弟。因為在途中聽得僕人說，父親跌下馬來、傷勢較重，弟弟僅皮肉傷、傷勢較輕，不知經過這幾日，他們好些了沒？有沒有請大夫好好醫治？

不久，徐霞客就瞥見前方不遠處別墅的拱橋，大叫：「到了，到了！」這座別墅位置較為偏僻，庭院是江南造景、占地寬廣，一行人花了好些時間才進到正廳。

正廳很寬闊也十分簡潔雅致。但四下無人，一片寂靜，一行人在此時匆忙進來、無人通報。徐霞客內心一陣酸楚，對其他人說：「你們先卸下行李，我先進去看父親了！」

別墅這裡的管家老丁從裡頭出來，趕緊說：「少爺等一下！我來帶你進去。」並提醒心急如焚的徐霞客：「聲音輕些。」

進了內院，是左側、右側好幾間廂房，最後，他們進了東邊的第二間廂房，放輕了腳步，一進門徐霞客趕緊望向床邊，床邊的簾子是放下的，父親似乎睡著了。

老僕人對徐霞客輕輕點頭，他悄悄的掀起簾子，看見了讓他擔心好幾天的父親。他輕聲喚著：「爹！」可是父親緊閉著雙眼，面白如紙。這時外面響起腳步聲，進來了一位年輕人，叫了

聲：「哥，你來了！」

這位正是徐霞客同父異母的弟弟，不同於徐霞客的瘦長黝黑，他的身形較為矮小，且皮肉白嫩，稚嫩的臉上緊皺雙眉，閃過一絲憂慮的神色。

「你還好嗎？」徐霞客也盯著他的身上上下下的瞧著。

「哥，我不要緊……可是大夫說爹爹腿斷了，臟腑也受了傷，一時好不了！」說著眼淚便止不住流下來。

徐霞客想到年幼弟弟受到的驚嚇內心雖不忍，口中仍說：「別這樣！有什麼好哭的？」然而看著父親這樣，自己的內心也感到非常的無助。

儘管如此，徐霞客仍強自鎮定，準備長時間留下來照顧父親，因為父親目前的狀況是不容許長途跋涉的。他一面要宏禔先自己回家，讓自己的母親放心，

又吩咐著僕人打點一切，另一方面自許十八歲的自己，應像個有擔當的人，不可再隨意慌張、掉淚。

他也吩咐一位母親信任的老僕人帶回自己平安的口信，然而父母親鶼鰈情深，便叮囑老僕不許說出老爺傷勢的嚴重性。

夜裡，宏禔去了徐霞客的房間。他望著徐霞客疲累的臉龐，問:「哥，累了吧?」

「我還好，你跟我說說那天的情形吧!」徐霞客仍打起精神問。

「是這樣的。那天父親與我打獵下山，回來時天色已晚，就在路旁休息了一會兒，沒想到就被匪徒盯上了!他們要我們交出財物，父親告訴他們身上僅有獵物，那些賊人大怒，便亮出刀劍威脅我們!我們趕緊逃跑，但是父親的馬被砍傷，父親跌下馬

來，腿上中了一劍！都是我太慢救他，否則爹不至於……」說到此，宏禔已眼眶泛紅。

「不！你已經做得很好了，誰也不曉得會出這種事。只是，這一帶以前很平靜，為何最近會有盜匪?」

宏禔搖搖頭。「這我就不知道了，僕人們已經去報告官府了！只是聽說他們囂張得很，一時恐怕還查不出！」

徐霞客心想弟弟年紀尚輕，不太知道如何善後，便點點頭。宏禔以為哥哥累得說不出話，便說:「哥，你早點歇息吧！」

徐霞客道:「也好。」便也要宏禔早點回房休息。

望著弟弟離開的背影，他不自覺的自言自語:「明天，一定要好好查查此事。」

一早，徐霞客目送宏禔出發後，先等待王大夫的到來。王大

夫是一位白鬍子的老者，診斷徐父出來後，臉色有些凝重。徐霞客趕忙迎向前。

「令尊骨折的地方我已接好，但落馬之後傷及臟腑，恐怕……」

「不要緊，大夫請說。」

「這一陣子是觀察期，攸關生死。」

徐霞客深吸一口氣。「有什麼要注意的嗎？」

「我會開藥。令尊醒來之後，切記要少言多休息，過兩日我會再來。」

「嗯，我知道了。」

送走王大夫後，徐霞客坐在房中好一會兒，父親仍未醒來，端詳著父親因受傷昏迷而瘦削的雙頰，心中有著千百種的憂愁。

他走出房門，喚了聲：「老丁！」

老管家急急出來，徐霞客吩

吩咐他立刻準備馬匹。等馬準備好，他便要僕人們好好照顧老爺，接著就獨自一人出門去了。

附近的一處市場上，人聲鼎沸，和一里路外僻靜的鄉間恰成對比。人來人往，似乎是在採買物品，也有往來的旅人在此歇息、喝茶。

徐霞客心想：「就這裡吧。」他在一間茶店前跳下馬來。

這間茶店相當簡陋，客人也多是運送貨物往來、身上穿著粗布衣裳的僕役。來了這麼一位衣冠鮮豔講究的公子，店主人不禁多看了一眼，馬上端上一碗茶來。

「還要點什麼，客官？」

「這個……」徐霞客遲疑了一會兒，搖搖手道：「不用了，請問……你們這兒治安還好嗎？」

「治安？爺您得看是什麼時候，」這店主人似乎健談，「大白

天呢，還好，黃昏以後哪，您得『自求多福』！」

「怎麼說呢？」

「爺您說呢？」店主人似乎嫌他問得多餘。「就是小心自己的命哪！」

徐霞客會意。放低聲量又問了句:「這裡是地方偏僻，所以賊人才多嗎？」

店主人無奈的搖搖頭。「您不是這裡人，所以有所不知。窮哪！這兩年收成差，善良百姓繳不出稅，那些無賴就成了賊啦！」

店主人繞到徐霞客身旁，也放低聲音說:「若我是您，就不會穿著這身好衣裳！」

徐霞客點點頭，內心感激，便多給了店家一些銀錢。

喝過了茶在市街上逛逛。果然，市集上物資缺乏，店家多不願賒帳。還有那乞丐也多，小孩髒汙著臉向人要錢，教人於心不

忍。

　　出身富裕人家、居住在江陰大城的徐霞客何曾見過這樣的景象呢？他的內心實在震撼不已。雖然父親遇劫一事令他憤怒，但此時心中亦生出一股悲憫。平民百姓的窮困令他心痛，但為什麼會這樣？他心中有了許多問號。

　　不過，茶店主人的提醒令他不敢久留，也不好再走往僻靜之處。接近中午的時候，他便快馬加鞭的回到了別墅。從此，徐霞客要管家為他準備出門用的粗布衣裳，加上他用一雙細心的眼觀察當地百姓的行為後，更能像個平民百姓般四處遊走。這樣的用心關係了徐霞客日後遊走四方的能力，「眼觀四面、耳聽八方」，而且能盡量避免引人注目，使得旅途的風險降到最低。

　　徐霞客一回家，老丁迎了上來，急急忙忙的說：「老爺醒了！」

「真的嗎？我去看他！」不等卸下行裝，徐霞客就匆匆的衝向廂房。一進房中，見父親半睜開眼，臉色依舊十分蒼白。

「爹！是我……祖兒。」

「嗯……」

「您覺得如何？」

「咳……宏禔呢？」

「他受了點皮肉傷，沒有大礙，我已要他先回家裡了。您身上痛嗎？」

「唉！我這身老骨頭……我以為活不成了哪……」徐父氣喘吁吁的說。

「令尊剛醒過來，別讓他說太多話。」旁邊有人制止了父子的交談，這會兒徐霞客才注意到，原來王大夫也守候在一旁。

他示意徐霞客到一邊後告訴他：「令尊暫時是醒來了，但可不代表病情好轉了。還是得繼續用藥，再觀察個十天半月看看。」王

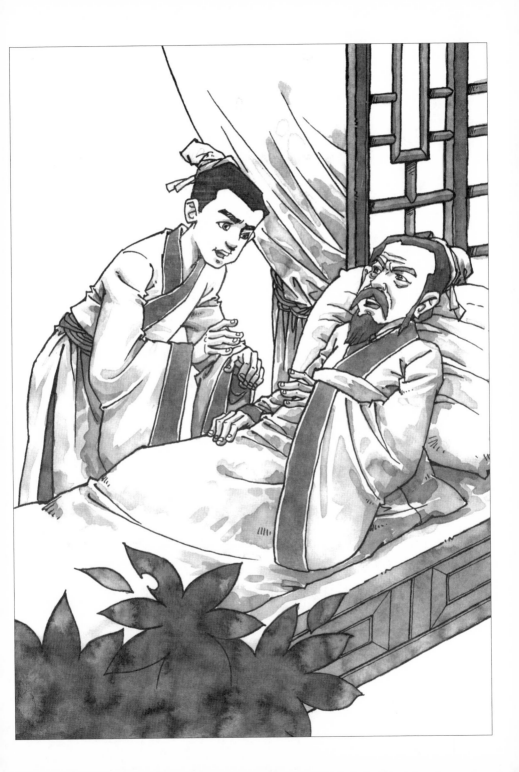

大夫嚴肅的說。

徐霞客點點頭，回頭看見父親正對他點頭勉強笑了一下。看著以往威嚴健壯的父親如此虛軟無力、一刻都不得下床，徐霞客心中又泛起一股酸楚。內心不禁告訴自己：「我一定要照顧老人家好起來！」

從此，徐霞客簡直把大夫的話當作聖旨，並親自侍奉徐父吃湯藥，沒有間斷。

時值臘月＊，天氣變得寒冷，徐霞客也減少了出門的次數。他愛看書，除了看顧父親的時間外，大多窩在家裡看帶來的成箱的書。甚至有時上街，看見鋪子裡有些舊的線裝書＊，他也當作寶貝成批買了回來，他心

放大鏡

＊臘月　指的是農曆的十二月，除了臘梅綻放，中國人在十二月八日時還會喝「臘八粥」。
＊線裝書　用線裝訂成的古書。

想：「好書不買有時便錯過了。再忙，也總挪得出時間看，何況我現在算是閒人一個。」然而，他有些想念家中的慈母，想起和母親在秋涼時節的豆藤下，母親做針線活兒，他在一旁看書，母子倆閒話家常的場景。

「不知母親現在在做什麼？風溼是否發作了？」他心想。

這一陣子，徐父身體一日比一日虛弱，徐霞客雖然換過了大夫，但也不太有用，大夫只說：「臟腑虛弱，恐怕日子不多了。」夜裡傳來父親急促的咳嗽聲，似乎咳得要岔了氣。徐霞客在房裡聽了，胸口難過得發緊。

「該怎麼辦呢？」

這時已經快過年了，母親早打發了人來問回不回去，徐霞客只得回說父親身體還沒好，還是再多待一會兒，年後再看看如何。只是不敢說父親毫無起色，

深怕母親擔心。

這天，徐霞客用過早餐，正在廳中看書。聽到一陣急促的腳步聲，小僮僕快跑了進來，徐霞客忍不住責罵：「做什麼！別莽莽撞撞的！」

小僮僕忙道：「是老夫人來了！」

「什麼！」徐霞客十分驚訝，連忙整理衣裝，跟著僮僕出來看看。

一出園子，果然看見一頂轎子進來，等徐霞客快步走近，轎子也慢慢停了下來。這時，有人掀起了轎簾，只見徐母顫巍巍的探出頭來。

徐霞客叫了聲：「娘！」不知怎的，眼淚早已止不住的流下。

4 立志遠遊

　　徐父受傷後的第二年春天，還是因為傷重而去世了。這一年，徐霞客才十九歲。

　　強忍著悲痛，他和家人一同料理父親的後事。徐母雖十分哀傷，但仍然指揮著家人、僮僕打點一切，顯得非常鎮定。其實徐霞客怎會不了解父母親之間深刻的感情呢？他打從心裡的敬佩母親，能將情緒控制得這麼好，一點都沒有露出心力交瘁的樣子。而且，母親慈祥的神態與父親的威嚴是大不相同的，僕役們對父親是怕、對母親是敬。

　　守靈的夜裡，徐霞客親自倒了一碗熱茶，端到廳裡給母親。母親的臉色有些蒼白，徐霞客說：「娘，您要吃點什麼熱的，老丁說有上好的燕窩，我吩咐廚房

給您弄去。」

母親笑了笑：「不了，白天大家都好累了，我喝喝熱茶就行。」

「娘……」徐霞客欲言又止。

「我會跟著您住，照顧您一輩子。」

徐母看著兒子殷切又稚氣的目光，心裡一陣酸，幾乎要掉淚，忙說：「男兒志在四方，以後要求取功名或成就事業，哪能一直賴在娘身邊哪？」

「我偏要，我不在乎功不功名的。」

看著固執得可愛的兒子，徐母的雙眼不禁泛起了淚光。

由於要移靈回家，隔幾日徐霞客的兄弟們也奔赴前來。徐家扶靈一行人連同小廝、僮僕，浩浩蕩蕩。出發當日天色陰沉、春寒料峭，可憐徐父一生榮華，卻因晚年遇劫而喪命。他所遺留下

的龐大家業財產，雖在不久後徐霞客兄弟分家，卻也能讓徐霞客終身就算沒有走上仕途，也得以衣食無虞。

這一日，徐霞客起了個早，想到母親處道早安。一進母親房中，卻見哥哥已在母親房中。古人說「長兄如父」，所以，徐霞客對於這位貌似父親的大哥，確是敬畏得很呢！他在一旁垂手而立，問候著：「娘！大哥！您們早。」

看見大哥與母親臉色凝重，徐霞客便不知該說些什麼。徐母指指一旁的青花木椅，說：「祖兒，你也坐下。」

母親清清喉嚨說：「父親的後事已辦妥，依我看，你們就此分家吧。」

「不，娘您還在哪！何必分家？」徐霞客心直口快的說。

「是啊！犯不著如此。我的

意思和大弟一樣，不知二弟他是怎麼想的！」大哥有點生氣的說。

「宏禔……？」徐霞客想起年紀尚幼的小弟。

「話不是這麼說。我想，二房那邊自有他們的打算。」母親含蓄的說。

於是徐霞客想起二娘。二娘是一位嬌小但精明的女子，也頗得徐父的歡心，自從生下小弟宏禔後，便極力捍衛她和兒子的地位。

「但別忘了她是二房，二弟也是庶出※！」大哥一向得理不饒人。

「唉，別這麼說！」徐母揮了揮手。「祖兒，依你看呢？」

「就依娘的意思就行。不過，宏禔是個好孩子，他沒什麼壞心眼的。」

放大鏡

※庶出　指的是正室以外的妾所生的孩子。

母親知道他們兄弟感情深厚，笑了笑：「我知道，不過這事兒也是時候了。」

「這可是他們提出來的，就把那間屋子連同僕佣都給他們不就成了！」大哥說。

「這……」徐母沉吟。徐家田產甚多，若分房不分財產必起爭端。

「娘，兒所知有限。不過宏褆幾年後也要娶親了，何不把他那份財產給他，讓他好安心，他一向也很孝順您的。」徐霞客說得懇切。

「嗯，」徐母一向為人寬厚，這才切合了她的心意。「我也是這樣想的。做大哥的你也成家了，我是想分房也分產，弄清楚以後省得再煩心，你們兄弟往來也不會心裡有個疙瘩。我年紀大了，未來的事很難說，只不過想過過清靜的好日子！」

「娘，孩兒可是要跟著您住的，您可別把我也給『分』了出去！」徐霞客笑著說。

「那我怎麼清靜法呢？」母親也笑了！這下子氣氛馬上輕鬆了起來。

於是，徐父過世後這年，徐氏兄弟正式分家，徐母王孺人與徐霞客同住。但徐霞客仍敬重兄長、友愛小弟，不因分家而疏遠彼此感情。

隔年新春，徐家雖然說不上大興土木，但因為徐氏兄弟和一些佣人遷出，房舍空出許多，於是徐母便命人好好的整頓家中。原本徐霞客住的是一間書齋，儘管清雅，但徐母嫌不夠寬敞，於是給了他一大間房——除了書房、床鋪外，外頭還有佣人的睡榻，此外，還給了他貼身的僮僕。這位小僮生得粗黑，聽話勤奮，之後徐霞客上街出門，徐母

也都吩咐他：「好好跟著少爺。」

徐霞客還抱怨著：「以前的書房挺好的，我一個人住很足夠，何必大費周章呢？」

「還說呢？如果不是你現在守孝，都該替你說親了！唉呀，你都二十了，該有個大人的樣子，一間像樣的屋子。」母親不以為然的說著。

「二十了還是您的兒呀！」徐霞客忽又正色道：「娘，我不去考試，又成天看些閒書，您不生氣吧？」

徐母笑笑說：「你父親走了以後，我倒也看開了，人各有命，什麼是可以強求的？你儘管做你想做的事吧！只要你堂堂正正的，也能成家，為娘的就放心了。」

徐霞客感激的看著母親，點點頭。徐母年過六十，仍然臉色紅潤，除了勤於持家外，心胸一

向寬闊，少為繁瑣的俗事所擾，就連分家的事，她都能退一步避開煩惱。雖然最疼愛她的次子宏祖，但心裡何嘗不了解他心中一向熱衷的「志業」？就連他的牽掛她也明白得很。丈夫走了後，這孩子除了因為是守孝很少出遠門外，其實擔心的就是她這個母親。每每為她解了悶，才到街上的書攤去晃了晃就趕緊回家……，徐母想得心都疼了，不不不，她不要成為心愛兒子的包袱。

某日，徐母肚子餓，要廚房燉了雞蛋來吃，也幫徐霞客要了一碗。她要丫頭一起端到兒子房中，忽聽他唸道：

天無一點雲，星斗張明，錯落水中，如珠走鏡，不可收拾。

「好一個『如珠走鏡，不可

收拾』！」

見了母親進來，徐霞客忙笑著讓座。

「兒呀，你看的是什麼書呀？」徐母忍不住問了。

「喔！我看的是前朝＊王質寫的〈遊東林山水記〉，他描寫水上之遊有聲音、有畫面，真是太傳神了！」徐霞客讚嘆道，邊把書遞給母親。

「嗯，的確寫得很好。」徐母略讀後笑笑的說。

「真的？娘也這麼想？」徐霞客可高興了。

「來吧，吃碗燉雞蛋，燉得嫩嫩的，離晚飯還有一段時候。」

「好呀！」徐霞客正好也覺得餓了。

「傻孩子！」母親端起碗輕輕

 放大鏡

＊徐家先祖曾在宋朝作官，但拒於元朝為官，所以「前朝」指的是宋朝。

吹了吹，若有所思的說：「以後你若想去哪兒走走，遠一點的，什麼名山大川都行，別顧慮我。」

「啊？」

「你聽到的，兒子。等這三年守完孝，成了親後，去哪兒都行！男兒志在四方，如果你為了老母親哪兒都不去，像隻籠中鳥似的，那又算什麼呢？」

「『父母在，不遠遊』，這是古有明訓的。」徐霞客忍不住插嘴。

「祖兒呀，古訓歸古訓，還得看合不合時宜。你當時如果是志在功名，還不是得離家的！娘身體還好，何必掛心？你若為了娘沒有一點男子氣概，那是萬萬不行的！」

「我知道了，娘，我會放在心上。但這也得等兩年後再籌畫籌畫吧？」

「是呀！到時再好好計議。

來吧，吃雞蛋，別涼了！」

徐霞客吃了一口柔滑的燉雞蛋，是家常的口味，日後若離家遠遊，想念的恐怕就是這母愛一般的家常味兒吧！擔心母親是一種說法，但貪戀家中的舒適，要離家受苦也是自己內心恐懼的吧！母親說得對，是男人的自己，要如何實踐理想，成就自己的志業呢？恐怕先得擺脫這一層恐懼吧。徐霞客不禁在心中暗下決定：「多苦，我都不怕的。否則，爹爹地下有知，恐怕也要失望了。」

5

泡湯溫柔鄉
——黃山

　　徐霞客受了母親的鼓勵後，更堅定了未來遊歷、考察山水的決心，然而古時的中國人為父母守孝三年是天經地義的事，所以一直到二十二歲這年，徐霞客都還是在守孝期間。這時，徐母最掛心的，其實是徐霞客的親事，中國的習俗是父母過世百日之內若沒有成親，就要等到三年守孝期滿才能成親。徐父過世時徐霞客十九歲，年紀尚輕，但是現在已二十二歲，於是徐母託人說媒，預備待徐霞客守孝期滿，就要讓他娶親了！

　　徐霞客這位未來的妻子，是同樣出身於江陰大族的許家小姐，他們在春暖花開時舉辦盛大的婚禮成婚了。新婚妻子年僅十六，身材嬌小，容貌秀麗，由於

徐家上下稱徐霞客為「二爺」，所以便稱許氏為「二奶奶」。二奶奶說話很輕，剛嫁過來時常常低著頭，別人若輕聲對她說話時沒聽清楚，常會紅著臉，抬起頭柔聲問：「什麼呀？」於是徐霞客便戲稱她為「什麼奶奶」。二奶奶個性溫柔，但身體體質較弱，連春天裡稍微寒冷的天氣也經常咳嗽，徐母注意到了，趕緊吩咐廚房燉煮她慣服的湯藥服侍，於是許氏過門後的不適，也得到很好的調養。

而徐霞客這一年也開始了他的旅程，「入門」的點起初是一般人會去的太湖與東、西洞庭兩山等等大眾化的景點。母親知道了後，為表明自己支持的心意，還特別縫製了一頂「遠遊冠」以壯聲色——即一頂上頭嵌有寶石的紫色小冠。這頂小冠徐霞客一生中都把它當作寶物，並不是日

常所戴，卻如同護身寶物一般經常帶在身邊。太湖之旅後，徐霞客又遊走山東省、河北省一帶。起初，他並沒有寫下日記的習慣，一直到三十歲遊歷過更多的名山勝水後，才興起記載這些勝景的念頭。

三十歲是孔子所言「三十而立」的年紀，徐霞客的長子岯出生了，不用說，徐母自是非常欣喜，徐霞客也為此延後了原本要前往黃山＊的計畫。老母親說：「你就去吧！我為你照顧妻兒就是了。」原來這許氏雖生得婀娜多姿，但身子其實是弱不禁風的，她產後更加虛弱，使得徐霞客相

＊黃山　在中國的安徽省南部黃山市境內，傳說是古時候黃帝和容成子、浮丘公一同修道求仙之處。但黃山古時本稱黔山，原本鮮為人知，直到喜好道家之術的唐玄宗在《周書傳記》一書中，見到有人杜撰黃帝在黔山煉丹後，便在望仙峰騎龍飛昇的故事，信其為真，於是在唐天寶六年（747 年），下令將黔山改名為「黃山」。

當不放心，於是在家中多待了一年。次年，待許氏的身體稍稍好轉，徐霞客才前往夢中的仙鄉──黃山去了！

徐霞客遊黃山時值二月，大雪都已封山三個月了，但他一向有艱苦卓絕的精神，就算路途中必須要攀登險峻的山路，他仍然遊興不減。黃山有三十六大峰、三十六小峰，儘管氣候嚴寒，交通不甚便捷，得僱請當地樵夫領路，徐霞客還是恨不得能夠看遍黃山奇景。

黃山最受人稱道的有溫泉、奇松、雲海、怪石等景致。一到了位於湯口、焦村要道的黃山溫泉，徐霞客當然享受了寒冬中洗熱騰騰溫泉的快感囉＊！黃山溫

放大鏡

＊洗溫泉時記得不要在飽食後，若流汗可持續喝水以補充水分，泡過 10–15 分鐘後應休息片刻，皮膚乾燥者也可擦上乳液、保養油保護肌膚。注意患有心臟病或高血壓者應盡量避免浸泡溫泉。這是喜愛泡湯的你不能不知道的唷！

泉古稱湯泉、湯池，是進入黃山遊覽的第一站。這泉水可不是一般的「硫磺泉」，而是所謂的「朱砂泉」＊——水質透明、無色無味、可飲可浴，對於皮膚病、風溼、腸胃病有相當的療效喔！水溫約莫在攝氏四十二度左右，十分舒適。徐霞客等人一邊泡，一邊看著溫泉冒出陣陣的水泡。不過此地位居要道，來泡湯的旅客不免人多且雜。

旅行對徐霞客而言，或許也是一種「修行」。因為古時交通、住宿皆不若今日便利，一切必須從簡。而黃山中有不少的寺

放大鏡

＊一般溫泉分類：

碳酸泉——泉溫較一般溫泉水低，泡起來脈搏不會急速加快哦！

碳酸氫鈉泉——能滋潤皮膚、軟化角質，算是一種「美人湯」。

食鹽泉——可強化骨骼肌肉，並且讓手腳不會冰冷冰冷的。

單純泉——對身體刺激較小，適合年事已高的老先生、老太太。

硫磺泉——能改善皮膚病，但對金屬製品有腐蝕作用，要小心！

此處徐霞客行經的「朱砂泉」，應屬上述的「碳酸氫鈉泉」。

廟和小庵，除了徐霞客住宿過的蓮花庵、祥符寺之外，他也到過不少黃山以外的僧寺用餐、小憩。古時候的修行者多在深山或僻靜之地，伴以大自然之靈氣，也難怪中國武俠小說中的僧人，多是一副仙風道骨的模樣。

寒天中也適合賞梅。徐霞客沿獅子峰西行直到松谷庵時，再沿溪往下。望見一樹梅花亭亭的開放，徐霞客立時讚道:「好清香呀!」大夥兒聞著也頓覺心曠神怡。

另外，黃山還有一處雲霧繚繞、莫測高深的「光明頂」——此地海拔一千八百四十公尺，天都峰、蓮花峰左右相互競勝，並有大小諸峰環繞。每逢雨過天青，便能夠在此處欣賞前山變幻無窮的雲海。

攀爬光明頂困難之處是什麼呢？那裡兩邊的峭壁聳立，中間

小徑寬度僅能讓人擦肩而過，但往下看卻又深達數丈！由於積雪很深，大夥兒還得鑿冰前行，非常的驚險。後來徐霞客攀登群峰也常常碰見類似的狀況，古時候沒有現代登山者較為先進的裝備，所以他們耗費的精力更大了！有時一行人餓得頭昏眼花，也得等待走到寺廟的所在地，才能以簡單的吃食果腹，他們憑藉的只能說是一股登山者的意志力。

說到雲海，如何能不提黃山的日出呢？徐霞客在日記中這麼記著：「清晨四時起來，披起那又厚又大的棉衣，據一岩石而坐。等著等著，見長空的黑幕漸漸褪去，銀灰的雲，被柔和的曙光暈染成深淺不同的顏色。接著，桃紅的朝暉從雲隙中射出，遠處的山巒層層疊疊，時隱時現出瑰麗的色彩。忽然，東面天空朝霞變

換有如彩繡，一點點金光先從雲海邊緣冒出。從一小片、半輪，瞬間渾圓的紅日從雲海間彈出，霎時金光飛濺、令人目眩神馳。」

「二爺！咱們今兒要上『百步雲梯』嗎？」問話的是徐霞客自小的貼身僮僕，現在也長成一位健壯的青年，徐霞客都喚他「顧兒」，遊記中則稱他「顧僕」。

「當然要啦！這可是來此地最後也是最重要的一站了，怎能不去？」

「可是，爺您昨天好像受了風寒……」昨天因天氣陰冷又走得疲憊，顧僕在夜裡可是聽到主人咳了好幾聲，不知該不該好好休息？

「哪裡就這麼嬌弱了？不就咳了那麼幾聲？你給我倒杯熱茶吧，我們待會兒就要出發了。」

這個貼身小廝只得搖搖頭，還是聽他的。他實在不明白，主

人為什麼放著舒舒服服的少爺日子不過，老是要往深山野地裡跑？遊山玩水有時固然愜意，但是有時看著二爺也挺克難的，不禁想問他，為何要自討苦吃呢？

「百步雲梯」是黃山著名的天梯，因常被雲封住似的，所以稱它為雲梯。雲梯的石級插天直上，傾側不平，搖搖欲墜。只要一個不注意，攀爬時上面那人的腳跟，便幾乎會碰到下面人的臉。因為十分艱險，連徐霞客都心中驚恐不寒而慄，連叫了幾聲：「小心！」上了雲梯後，雨又下個不停，樵夫問道：「下山去吧？」徐霞客只得點點頭。走到下面的「東潭」時，更碰到溪水上漲而無法前進，這可是和我們颱風天時一樣的險惡的環境！好不容易下了山，出了湯口，黃山之旅也算是告一段落，前前後後加起來共花了十天。

　　這是徐霞客第一次登上黃山，可說對黃山驚豔不已，後來當然又去了第二次。他在遊遍天下之後，有了「五嶽歸來不看山，黃山歸來不看嶽」＊的讚嘆，可見黃山之姿冠天下！宋朝人朱彥有兩句詩寫道「嵩陽（即五嶽的另稱）若與黃山併，猶欠靈砂一道泉。」這「靈泉」就是詩人對於黃山溫泉的讚美之詞。不過徐霞客在自己真正遊歷黃山之後，心目中對於黃山的石、松、雲等評價，卻是比泉水又更勝一籌的了。

放大鏡

＊中國各大名山中有泰山雄偉、華山險奇、衡山煙雲、峨嵋清涼、廬山飛瀑等勝景，而黃山則可說是兼而有之。

6 一顆櫸梅知天下

　　除了二次遊歷黃山之外，徐霞客像是一些上了癮的登山客一般，當然不會錯過中國的各大名山。而「遊玩大家」的他應是既嚮往山的壯觀，又喜愛水的柔媚，而且他最迷醉於中國山水中的「岩溶地形」，這也是我們會和徐霞客一同去遊歷的地方。

　　在遊罷黃山的隔年，徐霞客的母親也拗不過他的興致，隨著兒子到了宜興的張公、善卷諸洞去遊歷。由於這年母親已高齡七十三了，所以徐霞客選擇的是屬於比較「大眾化路線」的景點——即路程上不會太遠，玩起來也不會太勞累的地方；不過，路途上也免不了要悉心照顧母親，唯恐她身體不適。此行徐霞客並沒有寫下任何日記，而是選擇和

慈母愉快的暢遊了一番，從他決定了這一生的志業後，母親的支持一直令他感念在心。他何嘗不知道在外遊歷時母親的擔憂，還有返家時她強忍的、想念兒子的淚水？尤其是那一頂母親親手製作、別致有趣的「遠遊冠」，他可是一直珍藏著呢。

沒想到這一趟旅途返家，就看到家中一片慌亂，顧僕慌忙奔出，口中喊著：「二奶奶不好了！」

徐霞客急忙進屋，連聲的問道：「怎麼了？」

原來這許氏的身體甚弱，自從生子後體質更為虛弱，經常懶洋洋的幾天沒有下床。

徐霞客一進房，便見許氏的丫頭月女坐在一旁哭泣，原來許氏已蒼白氣虛、雙頰凹陷，徐霞客急得說：「怎麼弄到這步田地？」

月女忍著抽噎，說：「二奶奶本來只是感冒，後來她說好了

些，想到園子裡看看桃花，可能又受了寒，回來隔天就再沒起來過……」

「趕快再請大夫過來！我要聽聽他怎麼說。妃兒還好嗎？」

「公子沒事，可是二奶奶昨天夜裡高燒不斷……」

「好了好了，大夫來了再說吧！」徐霞客心煩意亂的打斷她。

幾天後，妻子許氏還是過世了，沒想到這一趟短短旅程回來的結果竟是如此。纖弱美麗的許氏為他生下一子後即如花飄逝，令他痛心。雖然徐霞客已有一妾周氏，但在徐母的堅持下，徐霞客只得在隔年另娶羅氏，這位羅氏生得圓潤豐滿，徐母看了感嘆道：「雖不像許氏那般花朵心腸，但長相不那麼單薄，應該是個有福氣的人吧！」果然，隔年這新二奶奶就為徐霞客再添次子，名為峴。

　　話說徐霞客登上武當、少室山（即少林寺所在之地）已是三十八歲那年的事了。武當、少室除了是武俠小說中的名山外，也是兩處風景絕麗的地方。少室山位於嵩山群峰間，而嵩山，更是五嶽在中國史上最早被記錄下來的一座哦＊！嵩山地處中原，居「天地之中」，綿亙起伏、蜿蜒無際，像一條躺臥的大龍，號稱為「中天砥柱」。嵩山東接開封、西傍洛陽，有好幾處名勝古蹟在其中，而徐霞客可以說都去遍了！不過為了多看看少林寺，我們直接隨徐霞客往少室山來吧。

　　來到少林寺之前，會先看到奇偉如山的「三將軍柏」。這棵

放大鏡

＊西周時期的文獻《詩・大雅・崧高》中即有「崧高維嶽，駿極于天」的讚美文字，意思是嵩山的高度像天一般高，而且險峻陡峭。

枝葉繁茂的柏樹之名據說是漢代所封的，最粗的地方需要七個人合抱。徐霞客等人在附近的中嶽廟吃過飯，再向西走了八里，進入了登封縣。而少林寺正確的位置就在於「登封城西北三十里的少室山北麓五乳峰下」。（很長的地名吧！）它建於北魏年間 (495 年)，距今已一千五百多年了。那時古印度南天竺僧人菩提達摩在此創立了禪宗，所以嵩山少林就成了禪宗的創始地。據傳唐朝初年，寺中僧人曾幫助唐太宗李世民打天下，從此僧徒也學習拳術，少林拳術因此揚名。時至今日，還有很多人想到少林寺習武，練得一身好拳腳功夫哪！在武俠小說中也不乏許多少林高人，武功高深莫測，而且少林武學絕非其他旁門左道，而是一門正統武學。

　　當然徐霞客等人不是來「大

鬧少林寺」的！而是懷著崇敬之心來參觀。其實少室山的山形屬突兀瘦削，從少林寺附近看南寨（即少室山的頂峰），可以觀賞到古人所謂「九鼎蓮花」的秀麗美景，於是有了「面面蓮花九頂分」、或「九頂蓮花葉葉分」的詩句。少林寺的寺院有壯麗整齊的氣派，寺中新舊碑刻排列成行，幾乎都完好無損，少說也有三百多件。眾人掛記的是「九鼎蓮花」的美景，哪裡顧得看這些碑刻？急著要出寺找一個好的角度觀景。只聽得徐霞客說了句：「慢著！我想仔細瞧瞧。」就停下腳步專注的看這些碑刻。眾人不禁暗地裡嘆了口氣，不過反正今兒就要夜宿古剎，那麼，在此暫時歇歇腿也好。

少林此地有一些景點，都是以傳說來命名的。少林寺西方的「西臺」，又稱為「甘露臺」，

傳說是一位古印度的僧人跋陀在此翻譯佛經，使得天降甘露，所以以此為名；而西北的「初祖庵」，是宋朝的僧徒為了紀念禪宗始祖達摩所建造的；「初祖庵」後有五峰，狀似乳形而得名，但有信徒認為這即是後來禪宗分為五派的徵兆；「達摩影石」亦很有趣，此又稱「面壁石」，相傳達摩苦修面壁了九年，以至於將自己的形象都印在石壁上了！如果天下眾生有緣至此，都該到這些景點一發思古幽情才是……。

然而徐霞客內心想的顯然不是這些，在離開少林寺不久後，他觀察周遭的林木，發現雖然嵩山一帶的松柏高大，但卻遭人砍伐得屬害，不禁搖搖頭說:「這些木材販子也太猖獗了！這些樹木可是花了數十年、百年才長成這般光景，他們為了一些利，一下

子砍光了，這樣下去還得了？」旁邊一位隨行的張秀才不以為意的說：「徐少爺您會不會擔心得太早啦，這林子那麼大，總共也有幾百、幾千株哪，這些販子人力有限，一次也砍不了多少，又何必斷人財路？」徐霞客正色的說：「人家說『前人種樹，後人乘涼』是有道理的，如果沒人種樹只是一味砍伐，樹林再大也有滅絕的一天啊！」旁邊的顧僕點點頭說：「少爺說得有道理，我看這邊的林子比起我們剛入山的那一片稀疏了些，那夥人應該是集中在這兒砍的。」

　　遊過少林，徐霞客並未返家，可知道他又去了哪兒呢？徐霞客離陝入鄂＊，抵達了武當山（即太和山）。其實當中他又去了華山，不過武當向來與少林齊

＊陝是陝西省的簡稱，鄂是湖北省的簡稱。

名，所以我們也該隨徐霞客到此瞻仰瞻仰才是！怎麼齊名法兒呢？原來武當的拳術除了和少林拳術一樣響噹噹外，它也是道教的聖地＊。一個是佛教、一個是道教聖地，都非常值得一遊。而徐霞客此遊渴望看到的，即是壯麗的「道觀」──怎麼說呢？明成祖朱棣篡位後，假藉即位得到玄武大帝的幫助，於是建築了一個兼具皇權威嚴和道教特色的宮觀。這「政教合一」的宮觀以八宮二觀為明珠、一百四十里神道為綢帶，建築了這麼一個龐大壯觀的建築群。

這八宮分別稱作南巖、紫霄、五龍、遇真、玉虛、迎恩、淨樂、太和之名，在進入紫霄宮

放大鏡

＊「武當」二字的由來是「惟真武之神足以當之，故稱武當」，這神就是道教北方尊神玄武帝，傳說這武當山就是他的修煉之處。

時，徐霞客眼見層疊的樓臺、雄偉的殿堂無不高大寬敞，大嘆「此處真是與眾不同！」但是在其他的地方眼見一片金碧輝煌，只是點點頭說:「這倒罷了。」並不過分驚訝。但是對於緊傍宮殿的雄峻群峰反而讚嘆不已，為何？其實這些壯麗的宮觀徐霞客都一一造訪了，但令人訝異的是，他一點都沒有記載在遊記中，反而偏向著墨於武當的自然美景，這位已然「見過世面」的旅行家，顯然較為注重歷史人文和自然景觀，而非富麗堂皇的奢豪建築。

　　話說徐霞客雖然驚豔於紫霄宮的氣魄，但很快的又被後方的展旗峰所吸引，一逕的朝西翻越山嶺，要往一處「梛仙祠」去。梛仙祠此處有一種「梛梅樹」——相傳是玄帝將梅枝嫁接在梛樹上的品種，它結的果子花色絢爛、如金玉般精美，叫做「梛梅

果」。但一直走到「瓊臺觀」才見了幾株榔梅樹，徐霞客一進道觀便朗聲問：「請問可有果子嗎？」

裡頭探出一位年長的道士狐疑的問：「……果子？」

徐霞客舉手作揖：「可以討幾個榔梅果瞧瞧嗎？」

這位道士臉上變色，嘟噥著說：「這可是禁物呀！過去有人帶出去三、四個，讓幾個道士受牽連，弄得家破人亡。」

猶豫了半天，才拿出幾個發黑霉爛的給了霞客，還再三叮囑：「不可說，不可說。」

徐霞客不死心，到了另一「中瓊臺」觀中要。觀中道士同樣聞之變色，然而此處觀主見徐霞客知書達禮，更有一股隱士之風，乃慨然相贈。只見形狀大小如金桔，浸漬在蜂蜜中，真是質地精美、如金玉一般！這位鶴髮紅顏的觀主仍諄諄告誡徐霞客：

「幸虧這珍貴的果子還有兩顆，或許可以稍微滿足您的心願，但一旦向外邊的人透露，恐怕就得大禍臨頭啦。」

為何徐霞客在遊記中對那些宏偉建築輕筆掠過，卻對這小小的果子大書特書呢？因為這椰梅當時專屬於皇家所享用，曾因有人好奇帶了幾枚出去，便害得好些人家家破人亡。這應是他對於當時掌權者的不滿，何以竟為了小小的果子不顧百姓，戕害人命呢？不過，徐霞客也注意到此處的林木茂密，不像嵩山一般遭到砍伐，他也詢問觀主：「這裡都沒有人來伐木嗎？」觀主搖搖頭說：「沒人敢來吧，這裡的樹是聖樹、結的果是聖果，若有人砍錯了樹，豈不遭殃？」徐霞客點點頭，心裡暗想著：「走過了嵩山和雁蕩山＊，那裡珍貴的樹都被砍了許多，這裡卻沒人敢砍，那這

些樹還真是『因禍得福』，反而得以延年益壽呢。」皇家、官府掌控了此山資源，雖然釀成了一些慘事，但也意外的保護了林木。

明朝詩人洪翼聖有一首描寫武當山的詩：

五里一庵十里宮，
丹牆翠瓦望玲瓏。
樓臺隱映金銀氣，
林岫回環畫境中。

如同許多歷史文獻中記載的一般，前三句詩都極力描寫了武當山宮觀建築如何的富麗輝煌；唯有最後一句還原了武當山原本俊秀出眾的原貌，而這正是徐霞客所致力描寫的。武當山的大樹

放大鏡
*雁蕩山　位於浙江省境內，主峰頂上有個湖，湖邊蘆葦叢生、隨風擺盪，秋天時雁鳥常來棲息，於是有了「雁蕩」之名，很詩意吧！

參天、群樹庇蔭，使他留下了深刻的印象；遠在明清之際的他，其實已有現代保育自然資源的概念，對照今日仍濫砍濫伐的「山老鼠」＊，這些人應感慚愧才是！

＊山老鼠　在山林裡違法濫砍林木的人，行為宛如鼠輩，所以稱作「山老鼠」。

7

再也聽不見慈母的呼喚

　　遊罷武當之後，徐霞客便沿著長江乘舟返回家鄉。他想家，也想回家休息一陣子。

　　這一天，徐霞客一早便起床用膳，和母親請安後就換好整齊的衣服，並且吩咐家僕準備簡單的點心。貼身的顧僕這一日起得晚些，慌張的出來問丫環玉兒說：「這麼早！王先生來了嗎？」

　　顧僕口中的這位「王先生」名叫王畸海，是四年前徐霞客路經閩南地區時結識的地方仕紳，當初因接待過徐霞客，於是結為朋友，徐霞客並熱情的與王畸海約定相見。這次王畸海正好來到江陰探望朋友，於是順道來看徐霞客。

　　接近中午時，王畸海抵達徐家，徐霞客忙和管家迎接。王畸

海吩咐隨身的小廝放下一箱物品在廳上，徐霞客急得說：「這是什麼呀？」

「別緊張！不過是一點土物＊，不成敬意！」

「唉呀！您怎麼大老遠來還帶東西，怎麼好意思……」一面要僕人擺上豐盛的午膳，要好好為這位老朋友洗塵。

席間談到了徐霞客這幾年又遊歷了哪些地方，徐霞客大略的敘述了一番，這王畸海也是位有名士風骨的人＊，自然聽得津津有味。

「可是徐兄，您今年計劃到哪兒呢？」

「哈哈，我今年不走啦，家母要過八十大壽，這可少不了我！」

「啊……這當然，當然要為令堂好好慶賀了。」王畸海也聽說徐霞客事母至孝，初識徐霞客後

不久，徐母生了一場大病，聽說徐霞客還祭拜天地許過願。而當母親病剛好時，徐霞客感動之餘，還建了一座精巧的「晴山堂」＊，用來禱祝母親永遠健康安泰。

「既是八十大壽，就得好好寫篇祝壽的文章，徐兄可別忘了。」

「這……這我也想過，但可不是我在行的啊！不知王兄可否……」

「您不行，那我可就更差啦！這樣吧，我這次要去見的這位繼儒兄可是文采非凡，他一定可以幫這個忙！」

放大鏡

＊土物　指的是故鄉的一些土產、用品等。

＊指品格清高、有思想見地的讀書人。

＊晴山堂　取「晴轉南山」之意，希望母親的病況如陰天轉晴，且壽比南山。後來徐母去世之後，這裡成了徐霞客悼念母親的地方。

「真的？那再好不過了，還得麻煩您介紹我們認識哪！」徐霞客也很高興。

「小事，小事！」王畸海拍拍胸脯豪氣的說。

後來在陳繼儒為徐霞客母親寫的壽文中，有一段是這麼描寫他初見徐霞客的印象：

「黑黑的臉頰、雪白的牙齒，高高的好像一位枯瘦的道人。但是他的內涵很豐富，和他的談話內容一點都不平凡，耳朵聽到的都是一些旅途上的奇聞軼事，因為他走過的足跡大概已經有半個天下了！這就是我所知道的宏祖先生。」

喜好遊歷的人多半與人為善，廣結知交，這位陳繼儒自然也成了徐霞客的好朋友，他流暢的文筆洋洋灑灑的為徐霞客母親寫了八十大壽的祝壽文，讓這位高壽慈祥的老奶奶笑得合不攏

嘴，還故意在壽筵上損了一下自己的兒子，笑說：「要祖兒年少時好好讀書他偏不，結果文章果然是別人家寫得好！」用意在大大的讚美陳繼儒的文章。

徐霞客不以為忤，笑著說：「兒哪裡不讀書啦，要不是娘老愛聽我說一些鄉野趣事，我何必去看那麼多的閒書呢？」

玩笑之間又流露出一股母子間的深刻感情，這一點也令王畸海、陳繼儒等好友們深受感動，王畸海悄悄對陳繼儒說：「早就聽說霞客與母親感情深厚，看來一點兒都沒錯！」

這一天，徐府還請來了戲班子，並且大開筵席的為徐母祝壽，徐母這幾年身體的健康雖已不如以往，但是活到如此高壽，又見兒孫滿堂，怎不滿心歡喜呢？於是隨兒孫賓客鬧到晚間時分，連宵夜都上來了。

徐霞客還夾菜給母親，說：「娘，您最愛吃的鵝脯！」

徐母喜愛煮得軟爛又有一股茶香的鵝肉，她嚐了口鵝脯，還端起一盅酒對客人說：「今天要謝謝各位來給我祝賀。我年老不中用啦，就是這些孩子們孝順，我才有今天！」客人們也忙著飲酒還禮。

這時戲曲也正好演了一個段落，徐母高興之餘又說：「打賞吧！」於是從戲班主到跑龍套的，個個都有賞錢，皆大歡喜。

忽然間徐霞客瞥見母親皺了一下眉，臉色有點發白，忙問：「娘您怎麼啦？」

其實徐母年紀已經大了，若不是一時高興，怎麼禁得起玩樂通宵呢？到此時已經覺得有些腹脹頭疼，但又怕兒子擔心，只說：「有點累了。」

徐霞客趕緊向丫環玉兒使使

眼色，便說:「那娘您早點休息，這裡有我在就行了。」徐母點點頭，便讓玉兒扶進房裡休息。

這一場壽筵鬧到半夜三更才散，來祝壽的朋友無不盡興而歸。

除了徐母的八十大壽之外，這一年徐霞客的小妾金氏，也為他生下了第四個兒子，取名峋，徐家可謂雙喜臨門。

然而好景不常，隔年徐母因身體病弱而仙逝，享年八十一歲。此時徐霞客也已是四十歲的中年人了。

好友陳繼儒來看他，並且主動告訴徐霞客，願意為他的父母寫一篇合傳，並且邀集當時著名的文人董其昌作〈墓志銘〉、王思任作〈徐氏三可傳〉等等，日後還集結成《晴山堂帖》一書。

好友們的一番心意讓徐霞客感動的說:「謝謝，謝謝，這真的

足以安慰母親在天之靈了！」

　　陳繼儒感慨的說：「憑著你的孝心，說什麼我們也願意幫這個忙，更別提我們之間的交情了。」

　　喪禮盛大的治辦，雖然心中哀慟，徐霞客還是指揮管家忙上忙下，臉形看來更加瘦削，而滿眼都是血絲。

　　出殯的前一天晚上，徐霞客忙完了該準備的大小事情後，便坐在大廳裡發呆。眼前燭光搖曳，閃出一個白色的身影。

　　徐霞客疲倦極了，恍惚間叫了一聲：「娘！是您嗎？」

　　這人影搖搖頭在他面前坐下，撫著徐霞客的頭說：「你怎麼啦？我是羅姐啊。」

　　原來是徐霞客的妻子羅氏，因為長了徐霞客幾個月，個性又似大姐，所以徐霞客都暱稱她為「羅姐」。

　　「身子還好嗎？」

「嗯，還可以。」心情悲傷加上幾天來的忙碌，其實徐霞客可是全身的骨頭都快要散開似的，僅僅靠著意志力在支撐。這麼說，是不願意妻子擔心。

「明天送走娘以後，你也該好好休息了，否則娘也不會放心的。」妻子哪裡會不知道他的狀況呢。

「人死了之後，到底是有知還是無知呢？」徐霞客喃喃的說。

「若是有知，那就彷彿娘在身邊庇佑我們；若是無知，那必是到了西方的極樂世界，再也不必擔心人世間的紛擾了呀。」羅氏輕輕的回答。那雙慈愛的眼睛還跟娘真像呢，徐霞客不禁看得發楞。

「我知道你捨不得娘，只是她老人家仁慈又高壽，一定到得了那令人嚮往的地方……也不必再忍受身上的病痛。」

「但願如此。」

「那，睡了吧。」徐霞客順服的跟著姐姐般的羅氏到臥房準備就寢。然而心裡卻想著：「沒錯，母親算是從人世間解脫了，其實是我捨不得她吧。因為，再也聽不見那慈愛的呼喚了！」他很感激妻子的勸慰，但她又怎能全然了解他的黯然神傷呢？

隔日，徐家可是黑壓壓的來了一群至親朋友，有的僅來弔唁、有的為的是送徐母一程，徐家兄弟忙著招呼與進行儀式，連喝一口水的空閒都沒有。尤其是徐霞客，一直強忍著疲憊，張羅著喪禮大大小小的事。陳繼儒也率一票文人朋友前來，他走到徐霞客面前輕輕的說了聲：「節哀！」徐霞客也點點頭道：「多虧了你們大家都來。」大夥兒趕緊行禮如儀。

這位陳繼儒可說與徐霞客惺惺

惺相惜，在這批文人朋友當中，他們兩人後來成為交情最深也最長久的知交。「文人相輕，自古皆然。」這句話對於兩人並不適用，他們之間不僅互相欣賞，而且交往以來更有一股說不出的默契，這也許就是所謂的一種緣分吧。

除了至親好友，徐家也來了一些達官顯貴、地方仕紳，徐霞客也得一一應付，從早忙碌到晚，對於徐霞客而言，簡直像過了一世紀之久。等到送母親到與父親合葬的墓園，且在家祠祭拜過後，已是黃昏時分。徐家備了些茶酒點心給客人用，並等客人稍事休息後，才啟程返家。

這時一輪明月也從夜空升起，當徐霞客送走最後一批客人後，靠在門檻上喃喃的說:「娘啊，您瞧兒子治辦的還可以吧。」說完忽然眼前一黑，咕咚一聲的

倒下！家人聽見響聲慌忙趕出來
看，全都驚惶失措，不知二爺到
底出了什麼事？

8

閹黨亂政

「不好了！二爺昏倒了！」

顧僕和管家急忙把徐霞客扶到房內，羅氏也趕緊來看望，並且叫僕人去請大夫。

大夫看了後說是疲累過勞，血氣上湧，才會突然昏倒。「吃了這幾帖藥，讓他好好睡上幾天吧。」

說也奇怪，徐霞客真的睡上了三、四天，除了起來喝粥吃藥外，都睡得恍恍惚惚，彷彿出了神一般。有一天晌午睡到一半，床邊忽然閃過了許氏的身影，她衣袂飄飄，一樣的纖弱美麗。徐霞客笑著抓住了她的手，說：「二奶奶要去哪裡？」

許氏笑著掙脫他的手：「我能去哪兒？我等你帶我去太湖泛舟呢！」

徐霞客一邊走下床，一邊說：「當然好，只是妳身體不好……」一邊往屋外走，心想：「她生氣了嗎？怎麼不等我？」

走到屋外，卻看到母親迎面而來，徐霞客忙問：「娘，二妹子（對許氏的暱稱）去了哪裡，怎麼一轉眼就不見了？」

徐母慈愛的笑說：「二妹子已經不在了，你現在娶的可是羅家的小姐呀。」

徐霞客腦中一陣混亂，心想：「是了，二妹子已經走了，我現在的夫人是羅家的姑娘，難道剛才在作夢……」

母親還是笑：「你老是不在家，難免弄混事情，以後可要對夫人好一點啊。」說完扶著丫環一逕往前走。

「娘，您要去哪？」徐霞客跟著，不小心在門檻上絆了一跤。

「啊！」徐霞客叫了一聲睜開

眼睛，身上出著冷汗，也驚醒了在一旁打盹兒的羅氏。

「你終於醒了，我好擔心，你已經昏睡了三、四天……」羅氏圓圓的臉，因為看顧他的疲累顯得浮腫，神情很是憂慮。

徐霞客看看四周，忽然內心一片清明，他懂了。原來許家妹子來看過他，母親也來看過他了，他還有什麼放不下？只是，人就算遊歷過大江南北，也難以看得透生離死別啊！

他拍拍羅氏的手，安慰她說：「妳放心，我沒事了。」他溫柔的夫人終於露出了一絲笑容。

此後的三年徐霞客盡守母孝，家居養身而未出遠門。

在徐母身故之前，徐霞客因緣際會認識的那一幫文人雅士，經常到徐家來泡泡茶、聊聊天。這一天，陳繼儒、王思任、孫慎行又來到徐家小坐，徐霞客熱情

相迎，不忘問道：「怎不見董兄（指的是董其昌）呢？」

孫慎行說：「現在來向他求字畫的人可多著！而且多是達官顯要，他要想來也不太有空吧！」

王思任見他心直口快，便笑他：「你這口氣有點酸啊，可見心裡想的是，達官顯要們怎不來向我求字畫呢？」

「開玩笑！我的字畫要給人，那真是獻醜！」孫慎行笑著搖搖手。

這時玉兒沏了茶上來，陳繼儒品了一口說：「好香的茶！」

徐霞客說：「你沒有嗎？這是上次畸海帶來的武夷山的茶，他說也給你一份了。」

陳繼儒笑說：「是了是了！我竟忘了。只是一直放著，該拿出來好好品嚐品嚐。」忽然正色道：「剛才你們說到達官顯要，只是現在的『達官』可不是好當的！」

徐霞客問：「怎麼說呢？」

這時大夥兒臉色有些凝重，孫慎行吐吐舌頭，比出個「九」的手勢。

徐霞客笑說：「幸好我年輕時就立志不為官，若大家信得過我，咱們在此談的事絕無洩漏！」

其實大夥也深知徐家是地主之家，只是祖上在前朝從政，而目前亦無在朝廷為官之人，不過是與地方官關係良好罷了，所以才敢在此議論時政。

陳繼儒看了孫慎行一眼，笑說：「你說的是那位『九千歲』吧！」孫慎行和王思任兩人點點頭。

徐霞客倒面無懼色的說：「就是掌管東廠的魏忠賢吧！京裡出了這等大事，我怎麼會不知道呢？」

明朝自明成祖成立宛如特務組織的「東廠」以來，就給予一

些宦官＊監視群臣的權利，免得朝廷中的皇戚大臣圖謀不軌。歷經好幾個皇帝皆如此，使得宦官們特寵而驕，從王振、汪直、劉瑾，一直到目前明熹宗寵信的魏忠賢，一個比一個跋扈囂張。他們利用皇帝給予的諸多特權，不但沒有做有益國家的事，反而用來鏟除一些不聽他們的話，或不拍他們馬屁的眼中釘、肉中刺。

徐霞客繼續說：「可憐那御督史楊漣大人被捕時，聽說眼睛睜得老大，沒想到洋洋灑灑寫出的二十四罪狀，上面看也沒看……」

王思任說：「恐怕是奏摺＊還沒呈到聖上那兒，就被那奸人給扣下了吧！」

孫慎行搖搖頭：「那倒未必，只是聖上一向寵信這魏某＊，只要他在旁邊先說說楊大人壞話，聖上哪有不相信的道理？」

　　陳繼儒點點頭表示同意，又說：「聽說聲援他的左光斗和魏大中也剛被逮捕，關到大牢裡去了。」

　　「什麼！」徐霞客心中不禁升起一股悲憤之情。

　　「也真是的，這些書院裡的名士既被放逐就該有危機感，為何還要在山村裡講學、議論朝政呢？」王思任有點不解的問。

　　「是啊，何必逞一時意氣？現在那奸人可是把他們冠上『東林亂黨』的罪名了！」孫慎行替那

放大鏡

＊宦官即俗稱的「太監」，他們因自願或犯罪被去勢（割除生殖器）送進宮裡，負責宮中大大小小的事。因為經常在皇帝身邊辦事，又深諳皇宮裡的人情世故，很容易得到皇帝的寵信，委以重任。

＊**奏摺**　朝廷中文武百官寫給皇帝的正式公文，皇帝必須親自批閱。

＊當時被稱作「九千歲」的是魏忠賢，他雖是無賴出身，但入宮時服侍皇孫朱由校而得寵。後來朱由校十六歲繼位當上皇帝，只知玩樂，一切大權便落入魏忠賢手中。於是以他為首的一群宦官（又稱閹人）狼狽為奸，人稱「閹黨」。

些人感到不值。

「嗯，儘管他們遠在山村，但名氣遠播，很快就傳到上面去了！」徐霞客接著說。

「不過既然是在山村裡講學，為何事情傳得這麼快？」王思任又沒頭沒腦的問道。

「唉！當初雖明裡只有「東廠」和「西廠」兩個機構來監視臣民，可是在朝廷宦官把持兩廠之後，不斷的藉機會擴充，現在全國上下可說是特務如蟻，防不勝防呢！」陳繼儒解釋著。

「所以啊，不要以為天高皇帝遠，你就可以滿口胡言！」孫慎行故意嚇著王思任。

「是嗎？難道徐兄這裡……」王思任故作害怕的表情。

徐霞客不禁被他逗笑，便說：「別擔心，我這兒沒事，只是這些在這裡說說便罷，別到外頭說去。」

眾人點點頭。陳繼儒語重心長的說：「只怕如此一來，不僅朝政紊亂，我擔心聖上被奸人蒙蔽的結果，會弄得民不聊生！」

「是啊，我聽說在一些比較荒瘠的省份，貪官還是照樣強加徵稅，但是老百姓窮成那樣怎麼繳得出來？」

「這些惡官也不寫奏摺給上面，就是硬要老百姓繳出糧稅。你想，自己都吃不飽還要把食物交出來，百姓有多苦啊！」

「如果交不出來，官府就把家中的壯丁抓去關在牢裡，這下子沒人下田更是雪上加霜啦！」

「真苦了這些老百姓！唉呀，幸好徐兄年輕時志不在當官，否則真不知該怎麼自處？」

「是啊，當清官會被人陷害，又不忍和這些人同流合汙……」

「其實我很慚愧！日子一向

過得舒服，不知道我們南部這幾省情況如何？」徐霞客嘆了口氣說。

「南部收成較好，目前飢民還算有限。」陳繼儒說道。

「可是時局如果還是這樣下去，情況就很難說了！」孫慎行並不看好情況。

這些人你一言我一語的，其實就是深感目前的政治紊亂，已經影響了民生。明朝初年那種人民安樂的景象已不可見了，除了宦官主持的東西廠和朝廷大學士組成的「東林黨」互相對立之外，其他當官的人也開始人人自危，無心為百姓著想。徐霞客等人所擔心的，就是民不聊生後造成的社會問題，可能很快就會對國家安全造成威脅。而明朝目前有內憂亦有外患，國家如果有難，到時誰能倖免呢？

沒多久後，魏忠賢又找了許

多藉口抓人進牢，誣陷他們，可
憐楊漣和聲援他的左光斗、魏大
中三人都遭受殘忍的酷刑，被虐
待致死。忠心為國者不禁同感悲
憤，但又無可奈何！只是國勢更
加衰敗，教這些無故犧牲的忠魂
如何安息呢？

9 人民的痛苦

　　當正直的人一一一被魏忠賢處
決後，其他的人只能暗暗為他們
嘆息；可是那些趨炎附勢的小人
卻一點都不放在心上，反而變本
加厲的拍馬屁，拜倒在這個大惡
人的門下，這些人分別稱作「左
右護衛」、「五虎」、「五
彪」、「十狗」、「十孩兒」、
「四十孫」⋯⋯等等。為了投魏
忠賢所好，他們一有機會便告
密，來陷害自己看不順眼的人，
弄得全國上下人心惶惶，臣子們
也無心朝政。

　　這天，王畸海遊蘇州回來，
特意繞道再來看看徐霞客與江陰
的老友們。徐霞客自然又要擺酒
請好友了，他特別吩咐老丁說：
「打些上好的酒，菜要精緻點，
比如鵝脯、牛肚，切得細細的。

將那雕花圓木桌抬到中庭裡……」他仔細的交代，彷彿來的不是老友而是貴客，羅氏看他嘮嘮叨叨說著，不禁搖搖頭笑了：「沒法子，就是這麼好客。」徐霞客見夫人在身後說他，只是高興的搓搓手：「唉呀，有朋自遠方來嘛，不過是交代一下比較安心。」羅氏微微笑著：「不要緊，朋友來家裡挺好，至少你一直在家，我也放心哩。」

正說著時，就聽得佣人喊了聲：「王先生到了！」其實何止王畸海一人，這時已是兩人好友的陳繼儒也來了，羅氏笑說：「說曹操，曹操到。」於是伸手拿起管家準備的杯盤漱盂*幫忙擺了起來。王畸海連忙擺擺手說：「夫人別忙！怎能勞煩您呢？」其實管家

放大鏡　　＊杯盤漱盂　古人喝酒吃飯時，飯桌上用來漱口和洗手的一些器物。

101

也見怪不怪，這羅氏也出身於鄉紳之家，家中時常賓客滿座，故性情平易近人，幫忙擺設餐具是聊表身為主人的熱情。她呵呵一笑：「先生不要見怪，這不是什麼粗活兒，您一路上辛苦，每次又提著大包小包禮物的，快來這兒洗洗手！」說時對著王畸海大小物件努努嘴兒。徐霞客也笑了：「是了，內人必是看上您的禮物才慇懃起來，您就別客氣啦！」開玩笑間氣氛輕鬆了起來，王畸海熱情的說：「沒問題！可惜都只是些地方風物，不是值錢東西，希望大嫂可別嫌棄！一起坐下來看看吧。」真要讓羅氏坐下，可是她反而執意不肯，說：「我去廚房瞧瞧，你們老友說話暢快些！」陳繼儒笑著搖搖頭說：「說我們客氣，自己也挺客氣。」

席間他們一面喝酒，又一面談到時局的話題。陳繼儒問道：

「畸海兄，蘇州那邊狀況會不會比京裡好些啊？」

王畸海原本臉上的紅潤好似頓時黯淡了下來，他搖搖頭說：「糟透了！書院都被拆了改建。」

徐霞客詫異的說：「什麼！連蘇州的都拆了？」

王畸海用悽慘的語調說：「當然是為了打擊東林的人……如果只是拆了那倒罷了，荒唐的是，把那兒改建成九千歲的生祠，並把這奸人塑成佛像般的金身，誰能忍受！」

陳繼儒一拍桌子：「荒唐，太荒唐了！」

王畸海搖搖頭說：「是啊。地方的一些仁人智士實在看不下去，又不敢說什麼，只能盡量別靠近那兒。因為到那兒不想叩拜

*生祠 人還未死，便替他蓋好祭祀他的祠堂，意在吹捧魏忠賢實為惡行的「功勳偉業」。

的，還要被捉去砍頭呢！」

徐霞客也忍不住激憤：「這天理何在！是這奸人下令建的嗎？」

王畸海說：「倒不是，」聲音微弱起來：「是聖上的意思……」

席間安靜了好一會兒，空氣中瀰漫著一股悲情。其實，古時因相信「君權神授」，讀書人不管對朝政再如何的失望，對皇上畢竟都有股尊敬之意。這下子聽聞年輕的熹宗如此昏庸，怎不令眾人悲嘆？

靜默了一陣後，徐霞客喃喃說道：「早知我少時應發憤讀書，說不定這時能為國家盡點棉薄之力……」

陳繼儒冷靜的答道：「我知徐兄有賢德，但若為官，現在恐怕已經身首異處了！」

王畸海點點頭說：「是呀，聽說我到的前一陣子，蘇州的讀書人上書官府，反對逮捕一個叫

　　『周順昌』的，還聚民兵殺官府一人！後來官府追查，抓到為首的五人，馬上斬首示眾！現在被葬在虎丘山房一地 —— 當地人偷偷祭拜，稱作『五義士墓』。唉，世道如此，誰都無能為力的……世道既亂，我們應遵從古人明訓隱居吧，直到政治清明時……」

　　徐霞客內心糾結的說：「我們的日子是還過得下去，只是苦了那些老百姓啊！……哎，老友見面我們竟只顧著說這些……」

　　陳繼儒為緩和沉悶的氣氛，只好舉起酒杯輕輕的說：「讓我們寄情於酒，並為那些義士舉杯吧！」於是他們一杯又一杯的飲著，只是心情沉重，桌上那些精緻的下酒好菜，似乎無法吸引大家舉筷了。

　　除了政治的敗壞，明朝政府還有所謂的「外患」。明朝後

期，北方的女真族崛起，並且出了一位名叫「努爾哈赤」的英雄。他以英才謀略統一了女真各部落後，建立起「金」皇朝，國號「天命」。「天命元年」即明神宗的萬曆四十四年（1616年）。金朝強盛了以後便誓師侵明，在中國東北遼寧省撫順市附近與明軍大戰，曾經以寡擊眾，殲滅明朝十萬大軍！從此以後，政權穩定且進據於遼河流域，可憐的明軍只能龜縮於山海關一帶。

努爾哈赤雄心萬丈，在天啟六年（也就是徐霞客家居的第二年），以五、六萬騎兵攻一座孤城寧遠。努爾哈赤驍勇善戰、攻無不克，這戰事讓臣民們十分憂心！不過雖然當時的熹宗昏庸、魏忠賢擅權，可是卻出了一位了不起的名將袁崇煥，他用了西洋的大砲，將金兵打得落花流水，連努爾哈赤都受了傷。消息傳

來，除了朝廷放了心，許多如徐霞客一干憂國的讀書人也十分鼓舞雀躍。此時的金，也暫時只是中國邊疆的一個地方性政權而已。

女真隸屬於滿族，雖然這一支民族擁有美麗的神話傳說*，卻也是好戰的民族。明朝加速的墮落腐敗，而努爾哈赤之子皇太極卻仍覬覦中原，生氣勃勃的女真，還是成了明朝的「終結者」——也就是後來的滿清政權。

在徐霞客家居守母喪的第三年，熹宗崩殂*了！惡人魏忠賢

放大鏡

*很久很久以前，美麗的長白山下有一座布勒里湖，那時有三位仙女飄降在這兒沐浴、玩耍。她們玩得正開心時，有一隻喜鵲飛過來，把啣著的一枚紅色的果實丟在岸邊。因為那果子亮晶晶的十分可愛，仙女中的老三佛庫蘭快速的游到岸邊，她搶得果實且愛不釋手，一面穿衣服一面還含在嘴裡。一不小心，果子竟被她「咕嚕」一聲吞到肚裡，後來竟懷了孕！生下了一名男孩，取名為「愛新覺羅・布庫里雍順」，他也就是後來滿族的始祖哦！
***崩殂** 古代稱皇帝去世。

少了這個寵信他的主子，先是被罷去官職，後來便畏罪自殺了！想想官場還真荒唐，當初這目不識丁的無賴「當紅」時，竟有人拍馬屁的上書，要將魏忠賢生祠的牌位抬進孔廟！也就是說，皇家每年春秋兩季祭祀孔子時，還得同時對這惡人行三跪九叩的大禮呢。

這會兒失勢死了，這些馬屁精避之唯恐不及，連後事也乏人問津了。

不過，魏忠賢的死並不代表明朝的厄運就此結束，當思宗（即崇禎皇帝）一即位，等著他的是一張張請示如何處理饑荒的奏摺！當時有一份奏摺名為〈備陳大饑荒〉描寫的就是當時陝北地區饑荒的情景：

「去年一年都沒有下雨，草木都一片枯黃。八、九月的時

候，人民爭著採山裡面的植物來吃；到了十月，植物都被採光了，就只好剝樹皮來充飢，只求還能活下去。到了年底，樹皮又被剝光，只好吃山裡一種像黏土般的『觀音土』！這種土冰冷有腥味，吃了一點好像飽了，可是吃了幾天便脹死了。

……最可憐的是在安塞城那兒，每天都有一、兩個嬰兒會被丟棄，有的大哭、有的已會叫爹娘、還有的太餓了只好吃自己的糞便。到隔天早上，這些嬰兒就餓死了，接著又有其他嬰兒被拋棄。」

這些教人膽戰心驚的奏摺寫於崇禎二年，即使當時的思宗皇帝有心想要振作，可是國家的問題已經非常嚴重。當時有一首民謠，唱出了人民內心的哀怨：

老天爺，
你年紀大，
耳朵聾來眼又花。
你看不見人，
你聽不見話。
殺人放火的享著榮華，
吃素看經的活活餓殺＊。
老天爺，
你不會做天，你塌了吧！
你不會做天，你塌了吧！

人民這樣的挨餓受苦，不難想像他們力圖起義的心，於是國家也開始了翻天覆地的變化。

放大鏡 ＊說的是做壞事的人享著榮華富貴，但善良的老百姓卻活活的餓死了。

10 再度出遊

　　徐霞客守喪滿三年後，內心又醞釀著出遊的計畫。妻子羅氏勸他：「現在時局紛亂，何不在家休息，等到民心安定再出門遠行，不好嗎？」

　　徐霞客搖搖手說：「以目前的形勢看來，國家的紛亂不會改善，只怕要更嚴重。亂世將來，以後的事還不知會怎麼樣，一味的等待不是辦法。」

　　羅氏知道，當丈夫心裡非常想完成的志業沒有去做時，儘管是最親近的人恐怕也無法阻止。只得說：「你要去的話，要多注意安全，你現在的身體不像年輕的時候了，累的時候要曉得休息。」

　　徐霞客感激的看著妻子，說：「唉呀，妳跟我娘一樣賢明呢！」

羅氏瞪了丈夫一眼：「別胡說，我哪能跟老夫人比呢？還不是看你急的，可憐你罷了！」

「要不是妳，我真不能安心出門。妃兒已經懂事，峴兒、峋兒都還小，真是麻煩妳了！」

「都老夫老妻了，你跟我說這幹嘛？怪肉麻的！你倒是趕緊去整理行裝吧。」

徐霞客不禁笑了。他這位妻子果然有幾分母親的風範呢！

徐霞客此行計劃的是遊歷浙江一帶。其實此行徐霞客可說遊遍了江蘇、浙江的各個景點，而且古話說「上有天堂，下有蘇杭」，可知這一帶的景致有多美。尤其是西湖，更是江、浙兩省最璀璨的明珠──是集合了自然美景的人文薈萃之地。不過，翻遍徐霞客的遊記，卻很少看到他對西湖秀色的留戀和讚美，對於不斷換景的蘇州園林，也沒有

感到眼花撩亂。

只是，當徐霞客登上西湖西北方的「飛來峰」＊時，他大叫道：「是了！溪山處處皆可廬，最愛靈隱飛來孤＊。」

此次和他一道同行的靜聞和尚呵呵一笑說：「您倒是和東坡先生『英雄所見略同啊』！」

這裡清泉處處、綠樹成蔭，真的頗有幾分仙氣。因為是佛教聖地，峰下也有大大小小的石窟造像，尤其是那笑逐顏開的彌勒佛像，還是宋代造像藝術的傑作呢。另一個令徐霞客著迷的原因是，後來可以在遊記中發現他的

放大鏡

＊在東晉時候，有一位印度高僧慧理來到這座山，驚呼：「這不是我們印度靈鷲山裡的一座嗎？不知道是哪一年飛來這兒的？……應該是有仙靈隱居在這裡吧。」飛來峰因此得名，又稱「靈鷲山」。在旁邊的「靈隱山」山腳下，慧理建了一座禪寺，就叫做「靈隱寺」；後來清朝的康熙皇帝出巡至此，賜名為「雲林禪寺」。
＊宋朝文人蘇東坡和徐霞客一樣最愛飛來峰，徐霞客吟的就是他所寫的詩。連白居易也讚此處可以暢人血氣、振奮心神。

興趣已從景觀轉移到「地貌」——也就是中國有名的石灰岩地形。原來這飛來峰是由石灰岩構成，經由地下水長期的溶蝕，岩石變得晶瑩剔透，形成許多形狀奇特的溶洞＊。

徐霞客三度造訪浙江，就是為了這些大大小小的美麗溶洞，除了描寫溶洞中千姿百態的鐘乳石景觀外，徐霞客也特別從洞穴之上的山勢考察它們的結構，這些研究使得徐霞客在中國的地理上有了重要的貢獻。在西方，可是要等到一百年以後，才有人開始考察這樣的地形，可是他們研究的深度和廣度，比起徐霞客來

放大鏡 ＊石灰岩地形的形成有以下條件：

一、多雨。

二、節理：岩層岩質緊密，雨水可沿一定節理流動，溶蝕力量較集中。

三、易溶性岩層。

四、其他：如地表起伏不大，使水的滲流量更多。

說可是差得遠了。

這天是個晴朗的秋日，徐霞客和靜聞先在峰下的街市裡隨便吃了點東西，便往靈隱寺這邊逛了過來，這是午後時分，徐霞客不禁讚道：「真安靜啊，少了那些流浪漢！」

「霞客先生，」靜聞謹慎的說：「雖然那些人喧譁吵鬧，但人品未必低下，他們打擾了這裡的清幽，無非和我一樣只為混口飯吃罷了。」徐霞客聽了，只是低頭不語。

原來昨日路經此地時，一夥流浪漢不顧這裡是出家人清修之地，在此喧鬧不已，並拉著每一個路過的行人乞討，若不搭理，還會咕噥著：「真小器啊您！」徐霞客當時露出嫌惡之色，小聲罵道：「這些下等人！」

當時靜聞在旁並不回話，只是微微笑著，然後拉著徐霞客走

開。他知道徐霞客自小出身富裕人家，自然看不慣這些遊手好閒、骯髒襤褸的乞丐們。不過此時他有點忍不住了，雖然徐霞客一向關心政治民生的問題，但心中仍存在著階級差異的偏見，於是他含蓄的點出好友心中的迷思。

徐霞客也知道靜聞的意思，心裡有些後悔昨天的態度，所以並不言語。這靜聞是一位秉性良善的佛教徒，也是江陰迎福寺的僧人，因為他的師父曾和徐霞客同遊天臺山而結識，後來兩人成為好友，同遊了許多地方。

和靈隱寺平行的山巖，並排了有三個巖洞洞口，外頭的巖石玲瓏剔透，而洞裡的通道彼此穿通交錯，可說有一股佛門淨地的氣息。可惜洞裡被鑿了一些人像，這些人像著元代的衣飾，但鑿工粗糙，連靜聞都搖搖頭。徐

霞客說:「殺風景吧！這是元朝人楊璉真這人的『傑作』。」這次靜聞也同意他的說法，搖搖頭說：「果真不敢恭維。」當然了，眼見大自然的鬼斧神工，一旁卻是粗糙的人工破壞，大概任何旅行家都要搖頭。何況徐霞客對於無故破壞自然環境的行為，向來十分厭惡，他認為美好的景色當維持它本來的面貌，不應有任何人工斧鑿的痕跡。

　　這時靈隱寺前坐了一位老和尚，他捧著僧衣，閉眼在秋日的暖陽下，端坐在石臺上好似忘了一切。寺院前有兩、三位美婦似乎來此上香，香氣流轉、美色當前；這時天色清朗，好似被天上靈泉洗過面容一般……這樣的景致彷彿只能仙境有，令徐霞客都快看呆了！

　　除了靈隱寺這一帶之外，徐霞客不想錯過的是著名的「金華

三洞」。大家可不要以為浙江金華只有那出了名的火腿，這兒可是也有美麗的巖洞喔！此行徐霞客走的是水路——也就是搭船前往。一大早，他便吩咐顧僕說：

「顧兒，可把行李看好了啊，我們要去搭船了！」顧僕口中「嗯」了一聲，心裡想的可是如何打發這幾天，因為主人和這和尚常常一去就是好幾日呢。其實徐霞客心裡也知道顧僕對旅遊並無熱情，所以才打發他在市鎮的客店中休息，順便把多餘的行李交給他看管。

徐霞客和靜聞搭上蘭溪中的小船，四面盡是群山環繞，而時節正值秋季，滿山遍野的楓紅，像織錦也像彩霞一樣奪目。雖然已經看過不少美景，但兩人還是凝神看了好一會兒，靜聞嘆道：「大自然的天工真是奇妙！」

徐霞客也笑著說：「是呀，依

我看，秋天是最適合遊三洞的季節了。」

雖說是遊洞，也算是登山，有些洞在高山上，第一個「朝真洞」裡很幽深，好像一個世外桃源，徐霞客、靜聞與隨行的腳伕必須手拿著火把，小心翼翼的走過險峻的山路。「冰壺洞」在朝真洞的下方，洞中有瀑布從空中落下，發出「嘩嘩」的水聲；再往下走就是「雙龍洞」，雙龍洞有兩個洞門，裡頭鐘乳石垂掛，形狀都很奇特。

好玩的是，這「冰壺洞」的洞頂離洞口很低，只有一呎五吋，要進洞前，腳伕還得向住在洞口的一位潘老太太借她家裡洗澡的浴盆。做什麼呢？這幾個大男人就脫去衣服放入浴盆裡，推著浴盆進入暗暗的洞中。裡頭光線雖然黯淡，但是照在洞裡的岩石上，仍閃耀著奇特的顏色。看

見旁邊的洞壁有噴泉湧出，徐霞客心中一動，用嘴巴接了些水來喝，喝了不禁驚呼：「好涼好甘甜啊！」靜聞聽了也趕緊接了一口，看得腳伕都笑了。

從洞中出來時，正午的陽光照耀，原來一早上的時光已在幽暗的洞中消磨了。他們收拾好浴盆，朝潘老太太家中去，腳伕對著門大叫：「潘姥＊，我們回來了，開門呀！」

老太太也聲如洪鐘的說：「來啦！進來休息會兒吧。」

三人一進門，便聞到一股飯香，禁不住的飢腸轆轆。質樸又爽朗的潘姥笑著說：「來吧，我想你們走到中午也餓了，就煮了一鍋黃粱飯，快洗洗手來用飯吧。」

徐霞客大喜道：「怎好麻煩您

放大鏡 ＊當地人對老太太的稱呼，在其姓氏後加上一「姥」字。

呢？這樣吧，我們得給您飯錢。」

潘姥用力搖頭：「拿什麼錢，這是自家種的黃粱，這位先生何必見外？我看你們有位師父，倒是只準備了兩樣素的小菜，還不知合不合你們胃口？將就吃吧。」

這下連靜聞都感動不已，直說：「太麻煩您了。」

黃粱飯相伴著爽脆的山菜，三人唏哩呼嚕的扒起飯來，老太太看了也高興。飯後，徐霞客為了感謝這位潘姥，於是從行囊中拿出一把傘來遞給她。

潘姥驚呼：「這是什麼？這麼精緻？」

徐霞客笑著說：「你們山裡人穿的簑衣固然堅固，但這傘也牢實，就算打滑跌在地上傘骨也很難折壞，您撐到市集上可體面呢。」

*指傘美觀好看，撐在路上走覺得很有面子。

潘姥稀奇的撐開這把杭州傘：「唉呀，這可是那些太太小姐用的，不適合我這粗人吧！」

腳伕笑著說：「哪裡，您撐著也挺好看！」一句話把老太太逗樂了，直問徐霞客說：「真的嗎？」

大夥兒吃飽喝足，便告別潘姥繼續前行。翻過一個山頭，見到溪水潺潺，幾戶人家零零星星蓋了幾間山屋比鄰而住，似乎與世隔絕。然而此地環境清幽，這裡的人笑容純真，衣飾乾淨整潔，以燒石灰為業，生活過得富足。出家人靜聞也嚮往的說：「這裡應該可以說是亂世裡的桃花源吧！」

本來可以在這裡休息投宿，但徐霞客硬拉著靜聞走一條陰暗的小徑趕路，到了深夜才看到有盞盞燈火，於是找了一間小廟借宿。靜聞刻苦耐勞，倒也沒有埋怨。為何徐霞客急著趕路？因為

除「金華三洞」外，還有古人記載著名的「靈山六洞」在前面等著呢。

　　在徐霞客遊玩這些石灰岩地形的山嶺時，最愛的是地面水光相接、一片冰清玉潔的景致，令他陶醉在一種清寂高遠的意境中。他也在旅程中寫下一首〈題小香山梅花堂詩〉，其中有幾句是這樣寫的：

結廬當遙岑，愛此山境寂。
展開明月光，幻作流霞壁。
壁上疊梅花，壁下飛香雪。
冷然小有天，洵矣眾香國。

　　大意是遊者喜愛山中寂靜的氣氛，覺得應當居住在這樣的地方。抬頭看見的月光，也會投射在山壁上，此時就可以看見山壁上長著一簇簇的梅花，而山壁下則飄下點點的飛雪，似乎沾染了

梅花的香氣 …… 。唉呀，這樣的意境，誰能說它不美呢？

　　這也是徐霞客深深著迷的原因吧。

11

旅途的艱辛

　　從浙江到湖南，徐霞客一路西遊，比起過去的旅途，這一次可以說是「萬里遠征」了。尤其到了湖南一帶，盜賊更多，路上的遊客、船家彼此警告提醒，要大家小心安全，失了錢財事小，如果連命都丟了，事情可就大了！徐霞客聽了往來行人的警語，一面想起家中妻兒還有這趟旅途的遙遠，竟有一股想掉下男兒淚的衝動！雖然他連第二個兒子都已經娶親，可是畢竟「血濃於水」的親情是不會改變的。

　　顧僕很擔心的問主人：「老爺啊，我們還渡河嗎？」湘※遊的時候徐霞客已五十一歲，這幾年顧僕已改口「少爺」為「老爺」啦。

　　靜聞聽了笑著對顧僕搖搖

頭，又努努嘴。顧僕看了看一臉鎮定的主人，也點點頭不出聲。這一來一往的意思是，沒用的！徐霞客的心是很篤定的：要到湖南就到湖南，要渡河便是要渡河，勸他也沒用。

其實在西遊的路上，中國已經面臨了巨變！明朝末年的君王昏庸和宦官擅權，造成的國勢迅速衰敗，全都報應在崇禎皇帝身上。不但「闖王」李自成＊領兵進入四川，北邊的大清＊也入長

＊湘　湖南省的簡稱。

＊李自成　本名鴻基，是陝西延安人，小時候曾為地主放羊，後來也當過邊境的小兵。當年因為不堪地主的追討債務，才會逃到甘肅省當個小兵，後來也升為一名小小的領兵。崇禎年間邊疆的飢民起事，他便殺了自己的長官以響應這批義民，後來輾轉投入闖王高迎祥的陣容，稱作「闖將」。因為在滎陽大會上的英氣勃發，再加上高迎祥在崇禎九年被明軍俘虜，他馬上被擁為新的「闖王」，從此雄據一方。

＊大清　崇禎九年的四月，北方「後金」的皇太極改國號為「大清」，皇太極成為大清國的第一位皇帝。

城，攻破十二座城。內憂外患，讓國家陷入空前的混亂。雖然徐霞客旅遊之地在南邊沒有戰事，但仍然感到盜賊更加猖獗，連官府也拿他們沒什麼辦法！渡河的時候，也看到一些衣裝簡便，僕人或苦力一般打扮的人拿著行李，慌忙要渡河，顧僕悄悄的對靜聞說：「唉呀！那跟咱們王奴一樣，是逃跑的。」

原來明末時期官府自顧不暇造成了所謂的「奴變」──也就是一般地主或官家裡會有不少的僕傭和奴隸，在當時是賣身的。可是局勢一亂，他們也就不想再辛苦幹活兒了！於是走的走、跑的跑，惡劣一點的還捲走好些主人家的銀錢財寶，好當「跑路費」！本來這一趟路途遠、行李多，徐霞客還多帶了一個年輕精壯，喚做「王奴」的僕人幫大家多提些行李，沒想到前兩天聽說

要繼續西行渡河，當天傍晚靠站休息時，就一溜煙的跑了！晚飯也沒吃，也再沒回來過。當時顧僕還在岸上一路找，大叫著：「小王，小王！」把徐霞客都給叫煩了，忙說：「閉嘴吧，這傢伙八成是跑了！」

「跑了？就這麼跑啦？那您好幾箱書誰來搬哪？」

徐霞客又好氣又好笑的說：「大家都多拿一些，等到下一個鎮上再催人看看，瞧你急的。」

原來除了旅遊，看書也是徐霞客重要的嗜好，所以到了偏僻之處依舊是帶書、買書，造成行李內有好些厚重的書，這也是顧僕忿忿不平的原因。心想：王奴你這年輕力壯的小子，是不是想偷懶才跑的啊！

看著老僕人那副氣憤難平的樣子，徐霞客也只好轉頭對靜聞苦笑！（其實這次的奴變遍布南

部各省，後來徐霞客一行回到江陰時，才知道家中的僕傭幾乎走了一半，也偷走了好些首飾呢。）

其實徐霞客在旅途上的艱辛，並不僅僅是這些。在湖南的旅途中，他曾探過虎穴、遇過強盜、斷糧、缺錢，困難不斷的出現，但這些卻更激發了他的豪情和鬥志，以至於連僕人都受不了苦而逃跑，他卻甘之如飴。這天，船經過衡州府附近一個叫「新塘站」的岸邊，大概有差不多大小的五、六條小船都停泊在這裡。因為已是傍晚時分，太陽留有一絲餘光，但已經可以看見白色的滿月浮現在藍空。忽然岸上傳來一陣陣像是兒童，又似婦女的啼哭聲，哭了很久，大夥兒不禁納悶！因徐霞客是讀書人，便做起了「簫管孤舟悲赤壁，琵琶兩袖溼青衫」這樣的詩句。

你大概會想徐霞客聽見有人

哭得那麼悽慘，竟還有心情作詩呢！會不會太沒有同情心了？其實當時的強盜也像如今的「詐騙集團」一般，會要人發出可憐的啼哭聲，以引發人們的同情心；等到有人靠岸查看究竟時，便圍上來搶劫一番，教那些人毫無招架之力。後來有經驗的船家知道了這些伎倆，就不隨便靠岸去看了。

　可是今晚這人實在哭得很久，教這慈悲的靜聞和尚真有點兒受不了了！（當然，他也都沒闔眼睡過）而且他嚴守戒律，即使吐口痰、上個廁所都要到岸上去，不想弄髒河水，於是便喚著船家說：「這位爺，讓我到岸上小解＊吧！」

　船家也被哭聲鬧得睡不好，忙應道：「唉呀！要是有人來搶可

＊當時人稱小便為「小解」或是「解手」。

怎麼辦？」

　　靜聞笑著說：「哭了這麼久，怪可憐的，哪裡就一定是有人設計的呢？說不定只是哪個可憐的孩子餓著了？」

　　「是嗎？」船家半信半疑。

　　「我到時問一聲，若不對勁我馬上走，您還來得及把船掉頭。」靜聞誠懇的說著。

　　船家倒是豪爽，說：「那好吧，反正我也被鬧得睡不著啦，您可機警一點！」

　　「好的，我知道！」

　　說著，船家便起身搖了幾下櫓，船便靠岸停下了，靜聞趕緊跑上岸去！沒一會兒就上完廁所、往四周張望，果然看到不遠處坐著一個黑影兒，靜聞便朝他走去。

　　「孩子呀，你哭什麼呢？」走近藉著月光一看，是一個十四、五歲白白淨淨、衣著也還乾淨的

孩子，於是靜聞的戒心去了一大半。

「我……我……，王大人打我！」那孩子抽抽噎噎的說。

「你叫什麼名字呀？」靜聞耐心的問他。

「我……叫小四，今晚王大人喝醉了酒，就打我！」

靜聞聽了這話以後更不懷疑了，這裡的人都知道衡州有個王太監，沒事就酗酒，喝得爛醉以後，就打家裡的僮僕出氣。這孩子看樣子是個家僮，年紀小禁不起打便跑了出來，沒地方去就坐在河邊哭。

「哎！你們王大人只是一時心情不好罷了！明早起來他就什麼事都忘了。晚上河邊冷，你趕緊回去睡了。」

「我又沒做錯事，他幹嘛打我呢？」

「他喝了酒嘛，不是故意要

打你的，下次你就躲遠點，快回去吧！」靜聞好言的勸著。

但那孩子還是臭著臉哭，靜聞見他沒怎麼樣，就搖搖頭回到船上了。看到船家時，便說：「沒事兒，說是王大人家賭氣跑出來的！」一面和船家聊個天、說上幾句。

沒想到才聊了幾句，岸邊忽然窸窸窣窣，好像是有一群人衝了過來，其中還有人拿著火把！

「該死，不好了！」說著船家也來不及拉靜聞，就丟了船櫓往船艙逃去，口中叫了句：「快跑！」

一時人聲鼎沸，只聽衝到船上的人也大喊：「快！殺！」這時徐霞客沒睡，聽到吵鬧聲時，心中快速閃過一個念頭：是強盜！

於是他機警的從床板下面，拿出一個竹編的匣子，摸摸裡頭的銀兩還在，趕緊把這竹匣往窗口丟到河裡。接著，他一手抓起

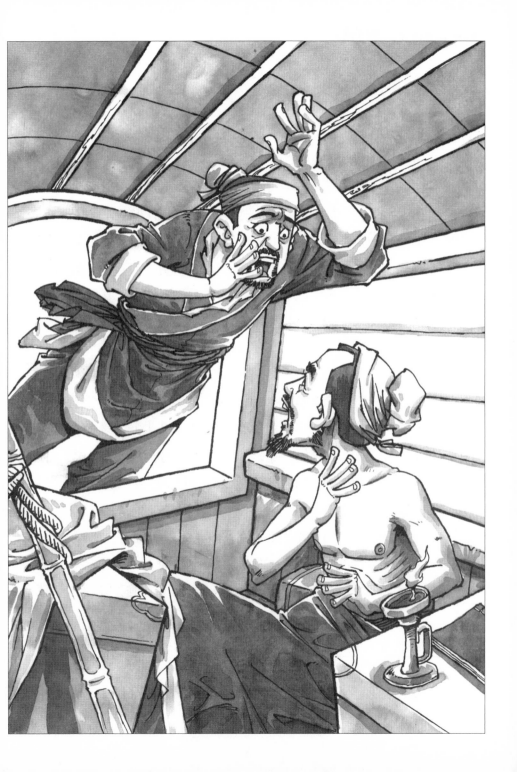

衣服想從船尾跳入水中，但是當他跑過去時，已看到強盜跑過來對著船尾的門，拿刀亂砍一番！這時，徐霞客總算瞥見顧僕和靜聞，還有其他船上的朋友都在逃命！有的沒穿衣服、有的裹著被子，大家連驚叫出聲都不敢，刀光劍影，大夥兒嚇得只敢跪下叫「饒命」！

　　但殘忍的強盜哪管得了這麼多，已拿起手上的大刀對著船上的旅客一陣亂砍，於是大夥兒又趕緊衝到船邊，直接躍進水中！大家紛紛落水往四周游去，徐霞客也不例外，水溫很低，但幸好水深只到腰部，他打了個哆嗦，趕緊往四周落水的人瞧，只聽見哀號聲四起，原來很多人剛才都被賊人的刀砍傷了！四周很暗有點看不清楚，這時往船的方向一看，船上已火光衝天。原來是賊人搶完東西一聲令下，燒了船往

岸邊退去了！這群強盜果然如傳說中動作奇快，而且聲勢嚇人。

強盜退去時已接近黎明時分，這時其他的船隻才敢靠近救人。徐霞客一面被拉上船，就一面聽到一陣號哭聲：

「嗚……船都沒了，以後怎麼過日子呀！」原來是船家父子兩人。大家看他們兩個大男人哭得那麼傷心，只能勸他們「留得青山在，不怕沒柴燒」一類的話。這時徐霞客只管盯著其他被救上來的人，看看有沒有靜聞和顧僕。不久，抬上來一個面熟的人不斷呻吟著，徐霞客驚叫：「顧兒！」趕緊蹲下來查看他的傷勢，因為顧僕也是全身赤裸，所以可以很清楚看見他有兩處刀傷，但是傷口不深，還算僥倖。

這時有人拿出藥來替顧僕止血，而有一個留著鬍子、面色紅潤的旅客，見他們主僕二人都光著

身體怪可憐的，徐霞客又是一副讀書人的斯文模樣，於是叫自己的僕人回船艙拿了一套衣服給他們。

徐霞客趕緊謝過，問對方大名，對方點點頭說了句「我姓戴」，就要徐霞客趕緊穿上衣服，免得著涼。接著又抱歉的說「衣服帶的少，現在乾淨的只剩一套。」

徐霞客已經很感激，自己穿了上衣，沒想到他身材頎長，衣長只到腰間。接著替發著抖的顧僕勉強穿上褲子，兩人都已氣喘吁吁。此時心裡還一直擔心，靜聞到哪裡去了，會不會凶多吉少？

徐霞客等被救起來的一行只有六人，在遊記中他記載的他們有如「因犯鬼怪」，所以這位船家只願送他們回到岸邊，卻不願意再運載他們。他們也沒有力氣

再埋怨，只得姍姍走回岸上，反正只剩命還在，什麼都沒了！此時忽然聽到熟悉的叫聲：「霞客先生，霞客先生！」徐霞客高興的叫起來：「傻和尚，你還在！」

靜聞走過來，一身的狼狽樣，不過他也沒受傷。他很抱歉的看著船家父子：「施主抱歉，都是我……。」

沒想到這兩人抱頭痛哭一場後，倒也看開了：「哎，別說了，沒關係。反正這批賊人總要挑條船下手，不然怎麼會甘心？現在時局不安，其實我們生意本來就越來越難做了！」

「那你們怎麼辦，要不要和我們一道走？」靜聞熱心的說。

這對父子看著這三人也是狼狽落魄的樣子，搖搖手說：「不了，我們先回家去，休息一陣再想辦法吧！」

靜聞一面和船家父子說著

話，一面瞥見徐霞客盯著水裡，好像想找什麼東西。便走過去問：「怎麼啦？東西掉了？」

「倒不是。只是賊人上船那時，我把一個竹匣丟到河裡，想找找還在不在……」

「真的？裡頭放了什麼？」

「錢和一些書。錢倒沒什麼，只是我那本臨摹＊的〈禹碑〉可是珍貴了，唉呀，誰知道是葬送在我手上！」

靜聞聽了又好氣又好笑。剛剛才經歷了性命交關的時刻，況且旅途上最重要的莫非就是旅費了，可是這書痴還在可惜他的臨摹本！真不知要笑他痴還是笑他傻？

放大鏡

＊擅寫書法的文人，親筆將一些書籍或碑帖抄寫下來，通常成了一本獨一無二的「臨摹」。

12 邊境風情

　　上回說到靜聞沒事，徐霞客於是鬆了一口氣。這會兒徐霞客累了，就陪著受傷的顧僕，由著靜聞和船家父子去打撈可能散落在河中的財物。早上的風有點冷，可是太陽露出臉來暖暖的照著，徐霞客不覺精神一振的安慰自己：「運氣不好，但天總無絕人之路，大不了再回衡州想辦法。」這就是徐霞客，與生俱來的樂觀天性，總是能讓他擺脫困境，繼續艱辛的旅程。

　　「找到了，找到了！」不多久靜聞手中抓著一堆溼漉漉的東西跑來：「看！這是你的竹匣是嗎？」

　　「是呀！」徐霞客高興的打開來瞧，說：「唉呀，上天果真待我不薄！」

　　「錢還在嗎？」靜聞問。

「沒啦！」徐霞客聳聳肩：「可是你瞧，這〈禹碑〉和《衡州統志》連湮都沒湮呢。」

「是啊，『塞翁失馬，焉知非福』。」口中雖這麼說，但靜聞其實心裡暗笑，他想「果然老天知道他在乎的是什麼哪」。

「不過既然旅費都沒了，我們就只好請人搖船送我們回衡州吧。」徐霞客很快的回到現實，又說：「何況顧兒這傷非休養幾天不可。」

靜聞這人果然是旅途上的好幫手，在徐霞客思考接下來怎麼辦的時候，他已經利用打撈上來勉強可用的鍋具和米，煮了一鍋的粥給大家分食。

經過這一次遭遇盜賊的打擊，如果你以為徐霞客會對旅行產生恐懼的話，那就錯了！這次遇盜是在二月，但同年的四、五月，他又帶著靜聞與顧僕，往廣

西的桂林去了。中國西南的山水名冠天下，尤其有「桂林山水甲天下，陽朔山水甲桂林」＊的美稱，所以這樣的人間仙境，徐霞客怎會錯過呢？

從桂林到陽朔的距離有百里，徐霞客當然選擇美景不斷的水路，這條河叫做「灕江」，兩岸的景色令眾人屏住氣息，不想把視線移開。靜聞唸了幾句佛號，徐霞客大嘆：「我今天才領悟到，真有人間的景色會這樣令人忘卻煩惱！」顧僕也忍不住說：「老爺呀，您就別再東跑西跑啦，我們看了這麼多風景，這兒是最美的了，在這裡住下來怎麼樣？」說完知道這是不可能的，就

放大鏡

＊在陽朔風景道石壁上有一首詩這樣寫著：「桂林山水甲天下，陽朔堪稱甲桂林。群峰倒映山浮水，無水無山不入神。」想當然耳陽朔是桂林的一處地名，它著名的石灰岩地形有「碧蓮玉筍世界」之名，和桂林比較起來，陽朔的山形更有氣勢，水流也更加清澈。

自己傻笑了起來。

在這條灘江的南岸有一座「九馬畫山」——傳說就是山的石壁上，隱隱顯出有九匹駿馬的樣子，當船家吆喝他們看時，一行人趕緊盯著這山壁瞧，雖然所謂九匹馬的形體看來不甚明顯，但是石壁上的色彩斑斕鮮豔，真的好像一幅畫作一樣！其實這裡像這樣的山壁不只一處，徐霞客大悅：「原來大自然自己就會作畫了呢！大概畫家到了這裡，也都想向大自然學習吧。」

船行到一處有名的「龍洞巖」時，船家也好心放慢速度讓大夥兒看看。看到洞內奇特的巖石，大夥兒當然少不了又一陣讚嘆，忽然徐霞客臉色一變，說道：「這是怎麼回事？」

船家問道：「怎麼了嗎？」

「這裡有一塊叫做『俱白石蕤』的……」徐霞客在光線有

些昏暗的洞裡死命的盯著上方的石壁瞧。

「是呀！挺有名的，要不要近一點看看？」船家往一塊白色石壁划近了些。

「是了是了，這『龍床』斷了！」

「嗯……應該是被那些天殺的給弄斷一塊……」船家也瞧見了。

「你怎麼知道它原來的樣子？」靜聞有點兒納悶。

「縣志＊裡有記載它的形狀……何況右邊這裡有些裂痕，然後斷了……」徐霞客再靠近看了個仔細，一面用手比劃著。

「會是誰幹的好事呢？」顧僕好奇的問。

「本地的，外地的都有可能

＊縣志　古時候官方的地理圖說，多會記載每個縣內的地理圖志和風土民情。

啦！鑿下來大概是想能不能賣些錢，發個財吧。畢竟是無本生意嘛！」

「太過分了！這鑿掉了可是再長不回來了，再窮也不能這樣呀！」徐霞客看著不禁生起氣來了。

「噯！不一定是窮的，可能只是個貪財的！」船家忍不住提醒他。

同年的九月，徐霞客的好遊伴靜聞病了，他咳嗽、發燒、臉色通紅且下不了床，於是到了廣西南寧的一處崇善寺休養。可是徐霞客想繼續往西行，便要靜聞好好在這裡養病等他回來，可是靜聞卻說：「你既然要先走，那之前你答應幫我買的布鞋和衡山茶葉先給我吧。」

徐霞客內心納悶，說：「等你病好可以下床時，我差不多可以回來看你了，急什麼呢？」

　　靜聞很堅持的說：「你先給我就是了。」

　　徐霞客先是覺得他頑固得可以，後來仔細一想，他可能想在自己回來前，就先回到他原先修行的「雞足山」去吧。可是，他的病會這麼快好嗎？轉念間心裡忽然有不祥的念頭，趕緊搖搖頭不去想它。

　　他告辭寺裡的人和顧僕再往西行。寺裡的和尚看著孤單的主僕兩人，瘦長的身影顯得更加孤單了！真正的旅人，大概是不怕孤獨的吧？這一次乘船西行，是往廣西的麗江、左江、右江的水路行去，由於沿途都已算是中國西南的邊境，所以風土人情大不相同。

　　船上有位岑先生，衣著不同於中原百姓，面色黧黑，操的也是當地的方言。徐霞客學習能力很強，這一兩年內已學會一些，

就試著和他攀談。言談間知道他是廣西人，有邊境彝族的血統，自誇是當地人稱「黑漢子」的帥哥，笑起來則「呵呵呵」的十分豪氣！

他說：「這裡山好、水好，就官不好！」

徐霞客感興趣的問：「您是說這兒的『土司』＊嗎？」

「是呀！右江河道上不是有田州、歸順這兩個地方嗎？」

「我曉得，這兩個地方怎麼啦？」徐霞客問。

「那雲南的歸朝和順州這兩處，您曉得嗎？」岑先生又問。

「聽說過。」

「這些地方的土司啊，專勾結咱們的族人！」

放大鏡 ＊土司 此土司非彼「吐司」——明朝在邊境選取當地的人擔任「土司」這樣的官職，來管理當地的人民，也就是俗稱「以夷（指邊境民族）制夷」的政策。

「做什麼哪？」

「所謂『天高皇帝遠』，你們中原人有所不知，當然是為了擴張自己勢力。這裡彝族勢力大，他們就勾結在一起，像是地痞流氓似的，對百姓很差！」

「哎，那中央不管這些事嗎？」

「是定期派人來視察的，但都被這些土司侍奉得妥妥當當的，不過土司對其他中國人可就壞得很，你可要小心些。」

徐霞客這下才知應存警覺之心，接著又問：「難道沒有好的嗎？」

「這個嘛……聽說有個不錯的在歸順，叫做『黃達』，倒是不吃彝人這套，只要他們挾眾要脅，他就反抗到底。有些地方是有這樣的人，挺有風骨的，我也很欣賞呢！」

說著說著，來到一處渡口，

有船要繼續西行，原船則要回南寧。這位豪爽的岑先生大嗓門的問他：「徐先生，一起走嗎？」

「您往哪兒啊？」

「有點兒遠，上貴州鎮寧啊！」

「黃菓樹大瀑布？」

「沒錯啊，您內行！我看朋友去，可以一起走。」

徐霞客心中一動，說：「不了，謝謝您！但那兒我以後一定要去的，不過現在得先回南寧一趟！」

「黑漢子」也不勉強他，便說：「好吧！那就這樣。有緣日後見啦！」

「好啊！」於是兩人爽快的拜別。

因為這位岑先生的指點，徐霞客日後便在廣西一帶考察民情，只要是抵抗蠻橫彝人的當地土司或百姓，他都會在遊記上記

載他們，並寫下如「忠勇直前」這樣稱讚的話語，來紀念他們臨危不懼的愛國精神＊。後來，他當然也探訪了「中國之最」的黃菓樹大瀑布。

徐霞客心中一動的原因不為別的，只是心中有了不祥的預感，在河中航行了幾天，他也想回去看看靜聞的病況如何了。十月照理是秋涼的時節，不過在南方這兒氣候溫暖，只是徐霞客心中有些蕭瑟之意。回到南寧的街上，他先到託買茶葉的梁老闆處打聽打聽，因為崇善寺的僧人這位老闆都認識。

「噯，您總算回來了！」梁老闆面有憂色。

「我才不過去了幾天，靜聞

＊徐霞客記載歸順州周文韜母子在彝族入侵時，堅守大義；到南丹州時，他也記錄街上有塊大石上刻著「慮忠報國，崇整精微」等字樣，表明了漢人的民族精神。

和尚好些了嗎？」

「就是這個。靜聞和尚上個月底沒啦（指過世之意）！」

徐霞客腦中轟然一響，沒想到他這次的不祥預感是真的！他也沒來得及多問，依舊拿了幫靜聞買的茶葉，就匆匆的說：「得了，那我回去看看。」

梁老闆還在後頭嚷著：「唉呀，您不留下來吃頓便飯嗎？」

徐霞客一回到崇善寺，寶檀、雲白兩位僧人迎了上來，看見徐霞客臉色便知他得到消息了，於是領著徐霞客到後面上香，徐霞客一面問：「什麼時候沒的？」

「上個月二十四號。」

由於靜聞只是借宿在此，這些和尚和他並不親密，所以臉上也毫無悲傷的樣子，徐霞客看他們冷漠的樣子也不想多問，只說：「我想帶走他的遺骨，將他埋

在他修行最久的雞足山，所以這要請諸位多幫忙了。」說完便頂禮、上香。

在為好友靜聞治喪的期間，居然還發生了寶檀、雲白兩位和尚圖謀瓜分靜聞留下的經卷、衣物這樣的事，由於徐霞客執意要一併帶回安葬，表達對死者的敬意，這兩人居然還想法子刁難，不讓徐霞客帶回骨灰！

好在徐霞客先假意順從，但暗自偷回這些遺物，偷偷的縫在自己的行李夾層，才得以脫身。世態炎涼，人窮無格，連和尚都貪求死去之人的物品！徐霞客在離開寺院後，不禁開始思念死去的摯友，於是在往雞足山的路上，寫下六首〈哭靜聞禪侶〉的詩，表達自己對靜聞的深厚情誼。馬車轆轆，眼淚也不斷的流下來。

13

改朝換代

　　葬好了靜聞，徐霞客雖然心中悲傷，但也再沒什麼牽掛了。於是再由水路從廣西到貴州一路遊歷，內心當然惦記著當初那位岑先生所提的「黃菓樹大瀑布」了。廣西、貴州一帶也是徐霞客鍾情的岩溶地貌，其間發源的河流橫切山脈，形成一系列的峽谷※，河流在此地多成了險灘、激流和瀑布。

　　黃菓樹瀑布屬於白水河，為何稱作「白水」呢？原來這裡由於地勢壯闊，水勢噴灑如雪，像是海裡浪花，所以被稱為「白水河」。之前徐霞客多少已經聽說了，但是今日親眼看見，才點點

放大鏡 ※峽谷中的山谷壁很陡峭，河面狹窄、河床高低不平；這裡的峽谷谷底甚至低於地面幾百米，可見高低相差有多大。

頭發出讚嘆：「果然一點兒也沒錯！」此處地勢高低起伏，人說「地無三里平」，所以徐霞客依往例要顧僕在旅店裡休息、看顧行李，而自己則是僱了短途的挑夫挑他過來。

忽然間，東北方又有一處更大的激流飛越，挑夫說：「那裡地勢落差很大，水飛入更深的谷底，」說著看看徐霞客，好像望穿了他的心意，接著說：「不過太危險了，沒法子下去。」徐霞客心中真是遺憾極了！跟著水流走了大概半里路，才看到有一座偌大的石橋架在那兒，上面刻著「白虹橋」。過了白虹橋再走了一會兒，忽然山中有一片竹林遮天蔽日，但其中有轟轟的水流聲。沿路若有較大的瀑布，徐霞客都會停下來瞧瞧，但是在一旁站了一會兒，有時會有頭暈目眩，甚至心驚膽跳的感覺。挑夫對這裡的

地形很熟，他轉過頭來對徐霞客說：「前面有個望水亭，我們可在那裡歇歇腿了。」

根據記載，白水河流域裡這樣大大小小的瀑布，加起來總共有七十四個！黃菓樹只是其中之一，但也是最大、最壯觀的。原來剛剛挑夫口中的「望水亭」，就是位在黃菓樹瀑布的對面，所以這亭正好是一個觀景之處，徐霞客在驚嘆之餘，心中也暗自好笑，剛才挑夫「老神在在」，只說要休息，卻沒特別提這偉大的瀑布，一直到此處才淡淡的說了句：「喏，到啦。」可見他已對這些渾然天成的美景司空見慣，覺得沒啥好稀奇的。

可是徐霞客對於這「第一大瀑布」依舊非常驚豔，他在遊記裡寫下的形容詞，如「翻空湧雪」、「萬練飛空」、「白鷺群飛」、「搗珠崩玉」等，都是對

於黃菓樹的讚嘆之詞，雖然沒有特別的華麗，可是卻被後來的文人認為非常貼切。當然了，旅行中親身體驗的感受，大多比只是用華麗詞藻堆砌的讚美之詞，應該會更入木三分才對。若說徐霞客此行有什麼遺憾，大概就是那天是陰天，聽說若是陽光充足的天氣，會在水柱中映照出繽紛如彩虹的顏色，如果徐霞客能看到這樣的景象，他的讚美之詞應該就不會僅止於此了吧！

看過了黃菓樹大瀑布，徐霞客又往雲南省西行，廣西、貴州和雲南，是徐霞客花費最多時間遊歷的省份，也足見他考察岩溶地形的用心。不過可別以為徐霞客玩得逍遙、盡興，其實在他到達昆明一帶時，清兵（即之前提到的「金」與「後金」）已率兵大舉進攻，名將盧象昇號稱統領了「大軍」──實則不足兩萬

人——在巨鹿與清軍交手激戰，但不幸身亡。明朝一面要應付之前闖王的內憂，一面又要抵擋外患的入侵，國勢岌岌可危，時為崇禎十一年。

中華文化以農立國，但若農民生活苦不堪言、無以為繼，很容易就會產生農民的起義，如西漢、東漢、唐朝和元朝都是這樣的例子，這次明朝也不例外。雖然農民起義的直接原因是天災造成的饑荒，不過土地集中的嚴重情形，可以說是另一項「人禍」：有錢的地主擁有良田千百畝，貧苦的佃農卻吃不起一口飯！徐霞客雖是富家子弟，不過他親眼見過這些佃農百姓的赤貧狀況，也深知明末政權已大禍臨頭。也就是說，國家動亂的來源並非是均貧，而是嚴重的貧富不均。

西南的物產較為豐饒，人民

還可填飽肚子，率先起義的是貧苦的陝北一帶農民，如著名的領袖「闖王」高迎祥就是陝北人，而另一著名領袖「八大王」張獻忠亦是。當這些驍勇善戰的陝北人一呼，其他黃河中游的幾百萬飢民也隨之響應，勢力被形容為如「黃河潰堤，一瀉千里」！到了崇禎八年，這些農民的勢力已經集結，他們甚至在河南的滎陽鎮上，召開了如武林大會一般的「滎陽大會」，他們有所謂十三家七十二營的將領，希望能一同商討攻打明軍的計策，因為農民來自各地，有些孤軍奮戰、有些策略不一，宛如一盤散沙。

　　這次的會議有「大會師」的意味：要討論出一個最有效、大家共同遵守的軍事策略，意圖要大破明軍！可是討論來、討論去，一位年輕將領馬守應建議要打回河北，可是張獻忠又反駁他

這樣是自取滅亡，大家意見不合，一下子陷入僵局。這時，有一個洪亮的聲音、毫不畏懼的說：「大丈夫，孤軍都可以奮戰，何況我們現在有十幾萬大軍呢！明軍要包抄我們，我們怎麼會沒有能力四面還擊呢？他們那麼腐敗，我們只要勇敢迎敵，沒有失敗的道理！」大家轉頭看了看這位年輕的將領，他長得個子不高、但虎背熊腰，顴骨高、鼻梁挺，目光十分炯炯有神。大夥兒好像一下子被他鼓舞了，於是團結了起來，有些將領自願防守、有些自願主動出擊，大家一起畫好戰略圖，就蓄勢待發了。

這樣團結的作戰方式，成了史上農民戰爭的空前壯舉！而這位雄赳赳的年輕將領是誰呢？他就是後來和張獻忠並列為兩大闖王的李自成。這次勢力龐大的聯軍在朝廷眼中是叛黨，然而在人

民心中卻是「義軍」了，他們聯合的結果就像一陣狂風般，不到十天就攻破明太祖朱元璋的老家（也就是明朝的勢力發源地）安徽鳳陽城，崇禎皇帝又驚又氣，把失守的鳳陽巡撫＊都殺了！可是一點兒也於事無補，明軍似乎大勢已去……。

而崇禎十一年，即戰事轉為激烈的開始：明軍不是省油的燈，加上義軍彼此間因為爭權失去合作的精神，馬守應、張獻忠竟接受官兵的招降，留李自成孤軍苦戰！李自成慘敗，僅剩「七騎」逃走。但別以為義軍容易屈服，他們簡直如「打不死的蟑螂」，馬守應、張獻忠和李自成後來頻頻再擁兵起義，李自成更是用了很好的軍師李岩，提出嚴明的軍紀善待百姓。而飢民百姓

放大鏡

＊巡撫　是明朝的地方長官，地位相當於省長。

恨不得他們能堅持下去，擊潰腐敗的明王朝，於是做了一首「迎闖王，不納糧」的歌謠：

吃他娘，著他娘，吃著不夠有闖王。
不當差，不納糧，大家快活過一場。

意思是大家雖然困苦，但如果能相信闖王的軍隊，包準大家會有好日子過！在李自成攻陷洛陽時，有一樁人聽聞的事：就是他們抓了一個作惡多端的大地主「福王」朱常洵，把他煮熟後拿來下酒吃喝，大夥兒叫那「福祿酒」！雖然殘忍可怕，卻也可見那時的民怨有多深。這時，曾經落魄的李自成重新擁兵百萬，義軍們也連續在五場戰役中擊敗明軍，簡直已面臨決一死戰的地步了。

　　大膽有野心的李自成在占領陝甘後，於崇禎十四年自立為皇帝，國號「大順」，自稱大順王。既然已經建立政權，當然要拔除目前王朝的這根眼中釘，於是在時機成熟時，帶領了步兵四十萬、騎兵六十萬，便往京師北京城殺過來了！而這時北京城內只剩下十五萬左右的兵卒，而且既老且殘、缺乏訓練又毫無意願作戰，你想這如何敵得過闖王的大軍呢？據說他們人人厭戰，必須有人在旁監視，並用皮鞭抽打，才勉強的站立守城；更離譜的是放砲時不願裝上砲彈，還向敵人揮手致意，擺明了不願與義軍為敵。

　　在這危急的時候，有位皇帝寵信的宦官曹化淳，竟為義軍打開了外城的城門「彰義門」，於是，義軍輕易的便占領北京的外城了！崇禎皇帝得到了消息，夜

晚根本無法成眠，於是在親信的陪同下，登上了當時的「萬歲山」（即「煤山」），聽見城外一片喊殺、烽火連天，苦嘆一聲：「完了，完了！」他走來走去，忽然間神情一凜，回到宮中大喊：「拿酒來！」狂飲一陣後壯起膽來，便派人到皇后、嬪妃處，先把她們賜死！接著又把年僅十五歲的妹妹叫來，看著她清秀的臉龐、清澈的眼珠，大吼：「誰叫妳生在皇家呢？」說著，砍斷了公主的左臂，她應聲倒下！接著，崇禎皇帝紅了眼、發了瘋似的又砍傷好幾個在場的嬪妃，當場哭聲震天，宛如悲慘的地獄。皇帝大叫一聲，便跑了出去！

　　天將亮的時候，這位明朝末代天子，被人發現上吊在萬歲山壽皇亭旁的一株老槐樹下——可憐的年輕皇帝，死前依稀聽見兒時玩伴在樹下的嬉戲之聲，他微

笑了一下，又嘆了口氣想，「你們也要隨朕去嗎？」便氣絕身亡了！這一年，他才三十四歲。

14 晚年不改其志

　　不知是幸還是不幸，徐霞客並未目睹大明王朝的滅亡，其實他在崇禎十四年就過世了，而崇禎皇帝在煤山自盡時，是崇禎十七年的事，也就是徐霞客是先走一步了。其實，徐霞客對於晚明的動亂一直是非常憂心的；對於困苦的天下蒼生，他也秉持著悲憫的胸懷。

　　徐霞客由於旅遊的勞碌，在遊雲南時還曾三度斷糧，所以晚年身體並不強健。可是他仍在五十幾歲時，選擇到廣西、貴州、雲南這些人文地理迴異的邊境去旅行，可以說他從來沒有存著安逸享樂之心。有人說，年老旅遊時應當到交通便利、舒適安全的地區去才好，但是這是度假者的心態；然而對徐霞客而言，旅遊

是工作，也是志業，應該向自己的極限挑戰，永不懈怠。

時間回到崇禎十二年，徐霞客抵達雲南的麗江──這兒是雲南西北的一處山區，也是座驚心動魄的瑰麗峽谷。這裡有什麼特別的呢？因為這裡是中國緯度最南的現代冰河，也有壯麗的「長江第一灣」*奇觀，你說徐霞客怎能不動心呢？早在他要往西南邊境出發之前，他便拜訪他的好友陳繼儒，請他寫本書好好的介紹這兒。另外，這裡還有特別的邊疆人民「納西族」居住在此，徐霞客也想來拜訪他們。

徐霞客到了麗江府之後，先託人拿了拜帖*給當地的土司木增先生，想先認識他，沒想到這位木公（後來徐霞客對他的尊稱）特別的熱情，不僅先送來見面禮，問徐霞客有什麼需求外，還約定兩天後要設宴款待他呢！

徐霞客有一點驚訝，心裡想：「我只是個普通人，他為什麼要如此多禮呢？」但還是決定到木府去赴約。

這天，徐霞客打扮妥當就來到了木府，也令顧僕拿了一些墨寶、字帖當作禮物。這裡的大門森嚴而氣派，石雕樓閣，不落俗套。通報之後，僕傭也畢恭畢敬的說：「老爺子在『解脫林』設宴，請跟我來。」在走過蜿蜒的曲徑、繞過無數個亭臺後，出現了一座自然與人工造景兼具的大園子，原來這就是「解脫林」。裡面設了相連的檀木大桌，後來賓客們說，這就是款待貴賓的「八

※**長江第一灣** 此奇觀位在麗江縣石鼓鎮，長江的上游金沙江在這裡轉向一百八十多度,衝開崇山峻嶺的重重阻攔,掉頭北上又東去,形成一個 V 形的大彎曲。

※古時候的文人雅士要拜訪別人之前，會先請人遞交一封書信，先問候和說明自己的身分和來意。

十種大菜」，雖然有些看來是山珍野味，教徐霞客說不出是什麼菜名，不過，筵席的奢豪程度，依然讓世家子弟出身的他為之咋舌。

這位木增先生蓄著黑鬍子，面色紅潤、聲音宏亮。他的行為姿態看來海派，知道徐霞客雖未作官，但也是一介文人，席間便請了一位許秀才作陪。許秀才面色白皙，英俊斯文，和徐霞客談起詩書典籍毫不含糊。而且聽說他精於劍術，所以眼神精光四射，徐霞客也忍不住讚他：「許先生真是文武兼備，難怪木老爺這樣看重您。」

大夥兒毫無拘束的用餐，相談甚歡。木增見徐霞客這樣含蓄客氣，便說：「聽說徐先生愛讀書，也把歷年來遊歷的經過寫成了書，必定文筆不凡。我最近請人搜集來的一部《雲薖淡墨》，

是我們麗江幾代以來文人的文集，由幾位不知名的讀書人繕寫，不知是否有錯誤或應當增刪之處？這樣吧，請徐先生幫我們看看，另外再寫一篇序，想必可為這部書增色不少。」徐霞客還謙虛的說「不敢」，許秀才卻大力附和著，讓徐霞客不好意思推辭了。木增很高興，說：「明天一早就可以叫人送到您的住處。」

於是幾個人飽餐一頓，聊到了近傍晚才散，木增又叫人送了銀杯、綢緞、綠皺紗等珍貴物品，甚至是土產白葡萄、荔枝、龍眼和一種當地人吃的油酥麵餅，都用布包整齊包好，要門房一併送給徐霞客才放他走。徐霞客只得收下，口中喃喃的說：「老爺太客氣了吧。」後來的幾天顧僕不斷的埋怨著：「禮物雖好，但這油酥麵餅未免做得太大，一天也吃不完一個！」

隔天早上，木府果然就派人把《雲薖淡墨》送來，徐霞客一看，雖然抄寫的字很是工整，但錯字極多，有章節錯亂的，也有字句重複顛倒的。便對來人說要花上幾天幫忙校對，請他回話給木老爺。果然這幾天，徐霞客就端坐住處詳細的校對起來，顧僕問他是否上街他也說不必，主僕倆就著土產隨意吃吃，竟也吃不完那些糧食。其間木增又派人送了好些點心、小禮物過來，讓徐霞客一面感激又一面不知如何是好，只好專注的快些把這部書校對完畢，又竭盡心思的寫了一篇序，才叫顧僕送了過去。

木增看了徐霞客這個外地人為當地文集的細心修改，內心十分感激，又請人來邀他過去吃飯。徐霞客趕緊回說：「旅途已經延遲了幾天，老爺的心意很是感激，但還是想四處走走看看。」顧

僕看著一屋子的禮物，只是呆呆的問：「真的不過去嗎？」

徐霞客覺得他大概是被那些精緻的禮物弄昏了頭，便笑著說：「先不要，把東西先寄放這裡，把行李理一理，明天一早啟程吧！」

隔日暫時離開了麗江府，往府城北面而去，這一趟旅程，卻讓徐霞客心中的想法大大改觀。原本府城中的富饒景象漸漸不見，由於缺乏水源，許多農地無法灌溉而荒廢，生產情況的落後，使得當地人面黃肌瘦，看來十分窮苦。到了永昌大寨一帶，百姓雖勤苦耕種，但是因為土質太差，也只能種種燕麥、蕎麥而已，收成可說僅能果腹。比較富裕的都是水源豐富的地方，像鶴慶府、嵩明州一帶，所以在遊記中，徐霞客對於沿途的水源、水量、流向和水利建設，都予以考

察和記載，因為他深知那攸關農民的生計和命脈，十分重要。

此外，他也十分感慨麗江府中營造出來的富庶景象，和木府中的奢華氣派，竟是向這麼多貧苦百姓課徵而來的！西藏高原地區的犛牛，本來是交通上的運輸工具，可負載也可耕種，但由於山區農作物少，犛牛到最後還被拿來抵稅，這是不是很悲慘呢？而木增雖對徐霞客熱情有加，但他個性複雜、好大喜功，而且割據一方，不許其他外界的勢力進入，可以說是個「鴨霸」的人物了！儘管木增十分善待徐霞客，但當徐霞客提出要去有「香格里拉」之稱的「忠甸」*內地

放大鏡

*「香格里拉」乃是一座世外桃源：其中森林蓊鬱、雪山雄偉、湖泊醉人，連動植物都十分珍奇；裡面居住的人民宛如陶淵明所形容「桃花源」中的人，一般與世隔絕、純真古樸。這樣的描寫出現在一本 1933 年由詹姆斯‧希爾頓所寫的作品《消失的地平線》中。而在 1997 年經過一批中外人士的聯合考察，認為詹姆斯描寫的人間奇境應是在滇北雲南藏民所居的「迪慶中甸」——也就是徐霞客未能如願造訪的「忠甸」地區。

遊歷時，他竟也斷然拒絕了！可見他對徐霞客依舊是具有防範之心的。

徐霞客並非是不知感恩的人，木增對他細心的款待、經濟的資助，他也在遊記中表明感激之意；然而木增的霸氣作風，卻也令徐霞客深感不安，形成內心中的莫大矛盾。比較起來，徐霞客畢竟是謙謙君子，而木增大概就是我們印象中熟悉的政客吧！

15 「採菊東籬下」的情懷

　　徐霞客在雲南考察的時間歷時二年餘，才回到江陰的家中。羅氏看見他面露疲態、滿腮的鬍子，真覺得恍如隔世，她用一貫如大姐般的溫柔口氣對他說：「來吧，看看你這樣，都快成了山賊呢！去洗個澡，我叫人弄點小菜給你吃吧。」徐霞客感激的看著她，唉呀，他這老妻這幾年來也略顯臃腫和老態了。他長年的不在家，家裡的大小事都歸她管，前幾年的「奴變」後，家中佣人也跑了不少，她也不想再催些閒雜人等，於是把一些雜事都攬在自己身上。

　　由於在奴變的那場混亂中，徐霞客的四子徐峋不知是為了出面調停還是被人錯認，莫名的死於亂棍之下。徐峋雖妾金氏所生

的，但也是徐霞客所寵愛的孩子，這樣年紀輕輕的死去，真叫人情何以堪！從此以後，徐霞客便也常藉故少回家，以免觸景傷情；偶爾回去又想起此事怕金氏傷心，便多花時間陪她，不覺冷落了妻子。然而這次回來看見妻子的老態，內心既不捨又不忍，看到她親自端了菜盤過來時，他不禁起身要接，口中說著：「我來吧！」忽然腳步一踉蹌，跪了下來。

「怎麼啦？」羅氏嚇了一跳。

「沒什麼……上次的腳傷不知怎的，還痛著。」徐霞客皺著眉。

「既然沒完全好，就趕緊在回家的時候請個大夫治好才是。」

「奇怪，這傷很久啦……怎麼不像以前都自個兒好呢……」徐霞客喃喃自語。

雖然腳痛得很，徐霞客仍是

不以為意，隔天還是羅氏趕緊去請了王大夫來看。大夫看了徐霞客從膝蓋至大腿的一片皮膚後，大驚失色，說：「你怎麼都沒休息，也沒請大夫看呢？」

徐霞客回王大夫：「那兒不方便請啊，我就用些土方兒*……」

王大夫搖搖頭，用現在的說法，徐霞客的那一片肌肉組織已經壞死，而且細菌也開始蔓延到身體其他的器官，他趕緊開了藥，囑咐徐霞客一定要休息，不可亂動。

不過，情況似乎一天比一天糟，大夫說徐霞客的心、肺等也都受到了影響，病況嚴重。家人也都焦急的守在病床旁邊，卻看

🔍 **放大鏡**

*土方兒　指的大概是一些民俗的療法，多半憑的是經驗而沒有醫學的根據。這些療法常常只能緩和一些小症狀，經常讓人延誤了治療，這也告訴我們身體有狀況時一定要記得求醫。

著徐霞客呼吸越來越重，臉色時紅時白，有時還冷汗直下。

妻子羅氏更是急瘋了似的去找別的大夫來，別的大夫也依然搖頭，她又回頭急著求王大夫，說：「這下該怎麼辦啊？」

王大夫不忍心的告訴她：「就看這一兩天吧！」

然而這一兩天徐霞客並沒好起來，只是第二天的傍晚忽然悠悠轉醒，說他想喝點湯，於是羅氏趕快要丫頭端梨子汁來，她要親自餵他。

徐霞客溫柔的看著妻子，慢慢的說：「本來這次回來後，也想帶妳去雲南看看。」

羅氏心酸的笑了笑：「等你好了吧，而且雲南好遠的呢。」

徐霞客喝了一口梨汁，似乎神清氣爽：「並不遠，而且有一處傳說中的人間仙境我可還沒去！」

羅氏說：「是像『桃花源』那

樣的吧?」

徐霞客笑著說:「是呀！不然，我們到那兒隱居去。」

羅氏打趣的說:「不了，『結廬在人境』*，和你在一起就行。」

「呵呵，『採菊東籬下，悠然見南山』*……羅姐，妳知道，我想這幾年年歲也大了，是想和妳過這樣的日子，只是不知道自己還行不行……」

羅氏聽他叫著自己的暱稱、又說了這番話，眼眶早就紅了，她忍著眼淚一直點著頭:「可以，可以的，怎麼不行?」

「唉呀，這我可不知道，我原本也以為有的是時間呢……我想，你也得好好的為自己過過日子……」羅氏的眼淚已經如珍珠

放大鏡 *這都是陶淵明的詩句，意思是雖未隱居，但卻有悠閒、與世無爭的情懷，頗有「大隱隱於市」的意味。

般的滾了下來。

「還有那些書呀、碑帖、手抄本的，交給屺兒處理較好……」羅氏一面擦淚、一面點著頭。

家人知道徐霞客這時是迴光返照，都等在房間外頭，徐霞客也要羅氏叫了幾個重要的人來見，羅氏也強忍悲痛，照著他所吩咐的，不再堅持要他休息了。

果不出大夫所料，徐霞客在當天夜裡，就過世了。死前他看著病榻前羅氏的臉，恍惚間以為是母親，便喚著:「娘，是您嗎？是不是來帶兒走了?」於是臉上浮現了一抹微笑，安心的走了。

這一年徐霞客五十六歲，時值崇禎十四年。依照霞客所囑咐的，他的墓地選在他所喜愛的璜溪西岸的馬灣沈村。徐霞客一生在外旅遊，但總算能在家平靜的度過人生最後的時刻，這也是一

種幸運吧！

徐霞客生前放不下的除了家人外，還有一干好友，尤其是陳繼儒、黃道周等人。

在他輾轉病榻不能下床的時候，他還告訴大兒子徐屺說：「真可惜我不能去看這些老朋友們！」還硬要兒子拿了好些土產禮物，去探望住得比較近的黃道周先生，可見徐霞客相當重視朋友。在他的遊記中，靜聞、木增也是常常出現且受他重視的朋友：在靜聞得病死後，徐霞客的確心情消沉了好一陣子，並且靜聞那出家人的善良心性，令徐霞客認為人間難得；雖然木增的政治作為可議，與徐霞客的愛國心態也有所抵觸，但是徐霞客非常懂得感恩，他認為既接受他人的恩情，不可隨意忘記，身為木增的朋友，他也從未對他大肆批評。

徐霞客這一生可以說是高風

亮節的，他深知晚明的政治腐敗難以為官，所以從未出仕（即作官），不過他的遊記中顯示他十分關心政治時局，尤其對於苦難的平民百姓，時時存著悲憫之心。旅行，就是他一生的志業，我們可以說他的個性令他選擇了他的志業，然而這個志業又影響了他一生的心性。徐霞客的一生是胸襟開闊的，除了與世無爭外，他也看淡人生的無常與生死，懂得「一笑置之」，常存感恩之心。他出生富裕人家，卻常因旅行的時間過長，讓自己處於貧困無錢的窘境，但他每次也都安然度過，簡直像一個古代的自助旅行家！如同一向尊崇的陶淵明先生一樣，他有著「採菊東籬下」的心境，然而他隱居之處在於廣袤無垠的天下。

1586 年	誕生。
1602 年	奉父母之命參加童生試，未中，從此放棄科舉。
1603 年	父有勉與弟弟宏褆居冶坊橋之別墅，遇盜受傷，徐霞客奔赴侍候。
1604 年	父有勉卒。徐霞客兄弟分居，母王孺人獨與徐霞客同住。
1605 年	立志遠遊，得到母親的支持。
1607 年	守孝期滿。與許氏成婚。此年始泛舟太湖，登眺東、西洞庭兩山。
1609 年	遊山東、河北一帶。
1615 年	長子屺生。
1616 年	遊黃山。
1617 年	與母同遊宜興張公、善卷諸洞。妻許氏卒。

1618 年　　續娶羅氏。

1623 年　　登武當、少室山。

1625 年　　母王孺人去世。

1628 年　　再度出遊，遊歷了浙江、江蘇一帶。

1636 年　　決策西遊。此次旅程，從浙江至湖南，再到廣西、貴州、
　　　　　　雲南。

1640 年　　返回江陰家中。

1641 年　　於家中逝世。

獻給孩子們的禮物

「世紀人物100」

訴說一百位中外人物的故事

是三民書局獻給孩子們最好的禮物！

◆ 不刻意美化、神化傳主，使「世紀人物」
　更易於親近。

◆ 嚴謹考證史實，傳遞最正確的資訊。

◆ 文字親切活潑，貼近孩子們的語言。

◆ 突破傳統的創作角度切入，讓孩子們認識
　不一樣的「世紀人物」。

藝術家系列

榮獲2002年
兒童及少年讀物類金鼎獎

第四屆
人文類小太陽獎

~帶領孩子親近二十位藝術巨匠的心靈點滴~

喬托	達文西	米開蘭基羅	拉斐爾
拉突爾	林布蘭	維梅爾	米勒
狄嘉	塞尚	羅丹	莫內
盧梭	高更	梵谷	孟克
羅特列克	康丁斯基	蒙德里安	克利

兒童文學叢書

童話小天地

童話的迷人，

正是在那可以幻想也可以真實的無限空間，

從閱讀中也為心靈加上了翅膀，可以海闊天空遨遊。

這一套童話的作者不僅對兒童文學學有專精，

更關心下一代的教育，

出版與寫作的共同理想都是為了孩子，

希望能讓孩子們在愉快中學習，

在自由自在中發展出內在的潛力。

—— 簡宛（名作家暨「兒童文學叢書」主編）

國家圖書館出版品預行編目資料

縱橫山水俠客行：徐霞客 / 吳文薰著;杜曉西繪.——
初版三刷.——臺北市：三民，2018
面；　　公分.——(兒童文學叢書 / 世紀人物100)

ISBN 978-957-14-4662-2　(平裝)

1.(明)徐宏祖－傳記－通俗作品

782.868　　　　　　　　　　　　　　　　96004839

© 　縱橫山水俠客行：徐霞客

著 作 人	吳文薰
主　　編	簡　宛
繪　　者	杜曉西
發 行 人	劉振強
著作財產權人	三民書局股份有限公司
發 行 所	三民書局股份有限公司
	地址　臺北市復興北路386號
	電話　(02)25006600
	郵撥帳號　0009998-5
門 市 部	(復北店) 臺北市復興北路386號
	(重南店) 臺北市重慶南路一段61號
出版日期	初版一刷　2007年4月
	初版三刷　2018年4月修正
編　　號	S 781400

行政院新聞局登記證局版臺業字第○二○○號

有著作權‧不准侵害

ISBN　978-957-14-4662-2　　(平裝)

http://www.sanmin.com.tw　三民網路書店
※本書如有缺頁、破損或裝訂錯誤，請寄回本公司更換。